AF546298

Theologische Brocken 004

Stefano Levi Della Torre

Gott

Aus dem Italienischen übersetzt von
Christoph Miething

Matthes & Seitz Berlin

Inhalt

Für Vicky Franzinetti

Einführung

»Mir erscheint es als große Torheit, die Natur Gottes, welche es auch sei, ergründen zu wollen, wenn nicht einmal die menschlichen Dinge genau erkennbar sind.«
Prokopios von Caesarea

Die Gottesidee hat die Geschichte, die menschlichen Denkweisen und Empfindungen gewaltig beeinflusst. Um sie kreisten nicht nur die Religionen, sondern auch die Formen, die Gesellschaft und Politik, Philosophien, Künste und Literaturen durch die Jahrtausende hindurch an völlig unterschiedlichen Orten angenommen haben. In vielen Variationen erreicht sie uns, dringt bis heute zu uns, und ihr hartnäckiges Fortbestehen ist der Beweis ihrer Notwendigkeit, mehr noch als ihrer Wahrheit. Die Gründe und Eigenarten dieses Sachverhalts will ich erkunden. Es sind weniger die Inhalte als die mentalen Strukturen, die sich durch alle Epochen dem Wandel widersetzt haben, weshalb man in Anbetracht des Wesens und des langen Überdauerns der Idee die Voraussetzungen des Denkens selbst befragen muss: Die Gottesidee als solche gehört zu jenen Grundvoraussetzungen des Denkens, und sowohl Glaube als auch Glaubensverneinung bezeugen die fundamentalen Strukturen des Denkens und der Einbildungskraft.

In meinen Überlegungen beschränke ich mich auf die biblischen Religionen des Judentums und des Christentums ebenso wie auf die Wissenschaften und den kritischen Geist der westlichen Welt. Mein Vorgehen ist nicht systematisch, sondern in Themenfolgen gegliedert.

In einem gewissen Sinn ist die Gottesidee »kopernikanisch«: Das menschliche Dasein und die Welt stehen nicht im Mittelpunkt, sondern sind vielmehr dezentriert und kreisen um eine andere Größe, nämlich Gott.

Was ist der Mensch, dass Du seiner gedenkst? (Ps 8,5)

Gleichwohl hat die Religion sich der kopernikanischen Idee widersetzt. Vielleicht wollte sie sagen, dass sie selbst, als Hüterin Gottes, im Mittelpunkt stehe und in Erwartung Seiner Ankunft guten Glaubens seinen Thron bewahre. Damals mochte manches Genie – Leonardo da Vinci, Galilei – zu der Überzeugung gelangen, dass »das Buch der Natur« maßgeblicher sei als die Bibel, und zwar nicht zuletzt deshalb, weil doch die Bibel selbst sagte, dass die Natur und das Universum das unmittelbare Werk

Gottes seien. Aber die Religion war dieser Einstellung gegenüber umso misstrauischer, als sie sich in vollster Überzeugung als Sachwalterin der Bibel verstand und nicht der Natur. Das zeigt uns, dass Glaube und Überzeugung nicht unbedingt zuverlässige Tugenden sind. Wenn er sich in etwas verbeißt, erweist sich der fromme Glaube als Rechtfertigung uneingestandener Interessen und untergräbt, ohne dass es ihm bewusst wird, den Sinn der von ihm verkündeten Lehrmeinungen.

Von der Malerei, die eines meiner Arbeitsfelder ist, habe ich gelernt, dass das Ganze wichtiger ist als seine Teile. Man kann sich bei der Darstellung einer Hand oder eines Zeichens irren, aber das ist unerheblich, wenn das Ganze in Übereinstimmung mit sich liegt. Eine andere Lehre, die ich von der Malerei erhalten habe, ist die Erkenntnis, dass ein falscher Rahmen das Werk entwertet, wie gut es auch ausgeführt sei. Man kann manches hinzufügen oder fortlassen, aber entscheidend ist vor allem die Kraft der Bezüge zwischen den Teilen, die ihrerseits gesteigert wird durch die Begrenzung des Raumes, die die Rahmung erzwingt. Die Wirkung nimmt der Maler unmittelbar wahr, der Betrachter eher indirekt, da seine Aufmerksamkeit zuerst auf das Dargestellte gerichtet ist. Das begrenzte Bild ist eine Konstellation von Figuren, Farbzonen, Hell-Dunkel-Tönungen und Bedeutungsträgern, deren Kraft durch die Begrenzung im Raum bestimmt wird. Je nach Anlass und Thema des Bildes entfalten sich vom Maler beabsichtigte oder unbeabsichtigte Bezüge, auch über seinen Rahmen hinaus, die vom Betrachter gemäß seinem eigenen geistigen und emotionalen Habitus wahrgenommen werden. Dies gilt nicht nur für die Malerei, die Musik, die Dichtung, die Kunst im Allgemeinen, sondern auch für die Worte, die Ideen und Theorien. Es sind alles abgegrenzte Ereignisse, die in ihrem Rahmen jeweils als Teile eines Ganzen stehen und sich in Resonanz mit dem historischen und kulturellen Kontext befinden. Jedes Werk ist gleichsam ein nostalgisches Element einer Totalität, aus der es stammt und auf die es anspielt. Darin liegt sein synthetischer Wert. Die Synthesis gleicht einer Ehrerbietung des Partiellen gegenüber der Totalität. Sie, die Totalität, ist die eigentliche Wirklichkeit, in der jedes Einzelne, sei es nah oder fern, aufgehoben und mit anderen Dingen verbunden ist. Um es genauer zu untersuchen, muss das Einzelne herausgelöst werden, wobei es Gefahr läuft, entstellt zu werden, wenn das Geflecht der Beziehungen, in denen es steht, nicht berücksichtigt wird. Der übergeordnete Rahmen aller Rahmungen wäre die Totalität, die wir jedoch nicht erfassen können, so wie eine Sardelle den Ozean, in dem sie schwimmt, nicht zu erfassen vermag.

Für den Gläubigen ist Gott ein Inhalt, für mich ist er eine Form des Denkens, eine Form der Perspektive. Gott ist die geistige Vergegenwärtigung der Totalität. So auch in der Vision Dantes:

(das ew'ge Licht ...)
Ich sah in seine Tiefe untertauchen,
was durch das ganze Weltall webt zerstreut,
verknüpft durch Liebe in ein einzig Bündel.
Die Wesenheiten, Eigenschaften, ihre Art,
verbunden miteinander auf diese Weise,
daß, was ich sage, nur ein Widerschein.
Von diesem Band glaub' ich, die Weltenform
gesehn zu haben ... (*Paradiso* XXXIII, 85–92,
übers. v. W. v. Wartburg)

Gott ist ein »Band«, eine Zusammenfassung alles Seienden, dank derer jedes einzelne Ding in Beziehung steht zu allem anderen. Dieses Band ist die letzte Rahmung: eine Konzentration in direktem Widerklang mit dem Ganzen; eine zentripetale Perspektive in einer zentrifugalen Unermesslichkeit.

Die Frage nach Gott betrifft also die umfassende Form des Wissens und des Denkens. Sie ist zu wichtig, als dass sie allein den Gläubigen überlassen werden dürfte. Der zum Atheismus oder zumindest zum Unglauben sich Bekennende spürt gegen den direkten Geltungsanspruch der Religion einen leichten Schauder des Nonkonformismus, sodass die Tatsache, dass er sich, obwohl ungläubig, der Religion und der Gottesidee zuwendet, ein Gefühl des Unzulänglichen und Unangemessenen hervorruft. So fällt es ihm schwer, die Grundstruktur des Problems der Gottesidee zu erkennen, bei dem es eben um das Beziehungsgeflecht des Einzelnen innerhalb der Totalität geht. Die Religion hat alles getan, um dies so einzurichten, indem sie über dieses Problem die ganze Verkleidungspracht der Glaubensdogmen ausbreitete. Aber der Kaiser bleibt, selbst wenn er keine Kleider hat. Dass es in der Physik nicht gelingt, die Quantenmechanik mit Einsteins Allgemeiner Relativitätstheorie zu verbinden, ist kein theologisches Problem; aber die Struktur ist vergleichbar.

Unser Verstand ist an Umkehrungen gewöhnt: In der Wissenschaft findet wohl der, der sucht; in der Religion sucht vielleicht der, der findet. Für die Wissenschaft gilt, dass man forscht und beweist, um glauben zu können. Die Religion geht vom Glauben aus, um zu zeigen und zu beweisen. Es mögen unterschiedliche und auch gegensätzliche Verfahren sein, aber im »Finden« und Erkennenwollen hat es im Laufe der Geschichte zwischen dem Geist der Wissenschaft und jenem der Religion Wechselwirkungen gegeben. Und es gibt sie weiterhin.

Seit Kopernikus befindet sich die Religion in Europa im Konflikt mit der Wissenschaft und hat dabei oft wie eine kriminelle Vereinigung gehandelt, mit Inquisitionen, Folterungen und Scheiterhaufen, Taten, von denen sie sich nie ganz distanzierte. Aber auch jenseits der Verbrechen bleibt zwischen Wissen und Glauben, zwischen Wissenschaft und Religion ein Konflikt. Man kann ihm aus dem Weg gehen, indem man auf diplomatische Weise die Wirkungskreise trennt; da ist dann der Raum Gottes einerseits, der der Wissenschaft andererseits; die Wissenschaft bemüht sich um Objektivität, die Religion kümmert sich um das Subjektive, die Hoffnungen und Ängste. Auch die Rechtsräume lassen sich gliedern gemäß dem Diktum der »freien Kirche in einem freien Staat«. Das mag als friedliche Übereinkunft gelten zwischen Gläubigen und Ungläubigen, auch im Bewusstsein der einzelnen Person. Aber selbst wenn das dazu führt, dass keine der beiden Seiten die Nase in die Angelegenheiten der anderen Seite steckt, so schafft das doch keinen Rahmen für das Problem der Gottesidee. Ähnlich problematisch ist die Gegenüberstellung einer humanistischen und einer technisch-naturwissenschaftlichen Kultur, der eher ein institutioneller als ein philosophischer Antagonismus zugrunde liegt. Die Gottesfrage ist allumfassend, weshalb sie in vielen Bereichen kontrovers diskutiert werden kann. Im Wesentlichen ist sie die Frage danach, welchen Begriff wir uns vom Universum, von der Natur, von der Geschichte, vom umgreifenden Sinn des Ganzen und seinen Grenzen und schließlich auch von uns selbst machen. Die Gottesfrage impliziert Totalität und bildet zugleich deren Rahmen, und dieser bleibt uns unzugänglich. Es kann nur Näherungsversuche geben. Auf der Suche nach Fassbarem werde ich über das, was ich selbst beherrsche, hinausgehen. Ich werde mich nicht begrenzen auf das, was ich weiß, sondern werde auf

Aussagen von Physikern, Anthropologen, Psychoanalytikern, Philosophen, Schriftstellern und auch von Theologen zurückgreifen, um methodisch einen möglichst angemessenen Rahmen abzustecken. Es ist besser, sich hier und dort das Missverständnis fremden Wissens einzuhandeln, als einen Fehler in der Methode zu begehen. Dieser bestünde darin, den Horizont auf mein Nichtwissen einzugrenzen, anstatt ihn dem weiten Raum zu öffnen, den die Auseinandersetzung mit der Gottesidee fordert. Ob man gläubig oder ungläubig ist, spielt dabei keine Rolle.

Freilich ist das Unwissen das eigentliche Terrain der Gottesidee. Gott ist die Hypostase des Wesentlichen, das wir nicht wissen und nicht wissen werden. Von Gott hat man immer schon gesprochen, ohne irgendetwas zu wissen oder folgern zu können.

Er hat das *olam* ins menschliche Herz gelegt (*olam* ist die Welt, aber auch das Geheimnis, *'alem*, und das Ewige, *le'olam*), ohne es zu befähigen, von Anfang bis Ende sein Werk zu begreifen (Koh 3,11).

Gott bedeutet eine *Frage*, und dies auch dann, wenn man eigentlich eine *Antwort* wünscht. Er ist ein Fluchtpunkt im Unendlichen und nicht Anfang und Ende, Alpha und Omega. Er könnte das Auge des Zyklons sein, ein Wirbel von Stimmen und Schreien, von Flehen und Fluchen, Blut und Tränen, Festen und Massakern. Wenn nicht Gott, so hat doch die Idee von Gott Gedanken und Vorstellungen durchwirkt. Die Religion antwortet auf die tiefsten menschlichen

Triebe: Angst und Verlangen. Sie verleiht der Todesangst und der Lebenshoffnung die Gestalt der Kultur. Angetrieben von solch elementaren Beweggründen, vermag sie Botschaften höchster Intensität im Guten wie im Bösen zu senden. Alle Religionen haben Krieg und Frieden, Liebe und Hass, Klugheit und Dummheit gefördert. Und je mehr die Gottesidee auf Inhalte fixiert ist, desto stärker wirken die Gegensätze. Ist Gott Liebe, so werden jene umso mehr gehasst, deren Liebe nicht die unsere ist; ist er Gerechtigkeit, so geht der Hass gegen jene, die einer anderen Gerechtigkeit folgen; ist er Gnade, so trifft der Hass jene, denen tugendhaftes Handeln allein schon genügt.

Das Nichts

In Eugenio Montales *Ossi di seppia* gibt es folgendes Gedicht, das mich zurück in die Kindheit trägt:

Vielleicht eines Morgens, wandelnd in
gläserner, trockener
Luft, werde ich, mich wendend, das Wunder,
sich vollendend, sehen:
das Nichts in meinem Rücken, die Leere hinter
mir, im Schrecken der Trunkenheit.

Danach, wie auf eine Leinwand hingestreut,
lagern sich
Bäume, Häuser, Hügel in gewohnter Täuschung.
Aber es wird zu spät sein, und still werde ich
fortgehen
zwischen den Menschen, die sich nicht umdrehen,
mit meinem Geheimnis.

Ich erkenne hier einen Eindruck aus meiner Kindheit, der vielleicht nicht nur in meine, sondern in aller Kindheit gehört. Es ist die Vermutung einer Verschwörung, keiner feindlichen, aber einer willkürlichen, gemeinsam angezettelt von einer Instanz, die mir fremd war: die Erwachsenen. Von ihnen wurde ich angeleitet, eine unbestimmte und vage Welt zu verlassen, in der allein mein Körper Erfahrung, Empfindung und Schwere gewährte, und einzutreten in eine Welt der Unterscheidungen. Sie lehrten mich, Dinge und Taten zu benennen und zu gliedern. Eine Welt der Bestimmtheit. Eine Vorstellung getrennter Entitäten, eine Konstruktion, die durch Nachahmung mir anzuverwandeln nützlich und für das Zusammenleben erforderlich war. Zustimmung und Zugehörigkeit wurden so möglich. Die stereotypen Darstellungen der menschlichen Gestalt, der Gesichter, der Bäume, Häuser, Himmel und Erde in Bildern aus Kindeshand zeigen einen in einer fremden Welt Gestrandeten, der sich beeilt, sich den bestehenden Konventionen anzupassen. So vollzieht jede Kindheit unmittelbar den Übergang von Natur zu Kultur, vom Lächeln und Weinen und vorsprachlichem Lallen zu Wort und Sprache. Aber in diesem Übergang mag doch die Spur einer Konvention, eines Kunstgriffs, eine »gewohnte Täuschung« erspürt werden. Wenn wir die Dinge dann gemäß der Gewohnheit einzeln benennen und wahrnehmen, warum sollten sie tatsächlich so sein? Und warum konstruieren die Worte Zusammenhänge, die doch ganz andere sein könnten? Und in welchem Maße ist die ganze Existenz der Welt bloß eine Gewohnheit, auf die wir uns eingelassen haben?

Kunst und Musik erschaffen in den von ihnen erfundenen Gesten, Bildern und Klängen andere Zusammenhänge, die Dichtung variiert Sinn und Satzbau der Wörter, die Wissenschaft entdeckt im molekularen und atomaren Bereich andere Trennungen und Verbindungen, als wir sie in unserer sinnlich wahrgenommenen Welt erfahren und benennen können. So liegt alles in der Luft, und alles erwartet eine endgültige Enthüllung. Vielleicht eine Enthüllung des »Nichts in unserem Rücken« in Bezug auf die reinste Objektivität. Eine unerwartete Offenbarung, die jede menschliche Ordnung, Konvention oder Überzeugung, jede Sprache, jeden Sinn übersteigt.

So schreibt Pascal:

> Betrachte ich die kurze Dauer meines Lebens, eingehüllt in eine Ewigkeit, die ihr vorausgeht und die ihm folgt, den winzigen Raum, den ich sehe und einnehme, im Abgrund einer unermesslichen Unendlichkeit, die ich nicht kenne und die nichts von mir weiß, so schaudert mich, und ich frage mich, warum ich hier und nicht dort bin, wo es doch keinen Grund gibt, dass es so sei, jetzt statt früher. Wer hat mich hierhin gesetzt? Nach wessen Befehl und Willen sind gerade dieser Ort und diese Zeit mir bestimmt worden? (*Pensées*, B 434)

Verlässt man den schützenden Raum der Konvention und bequemen Gewohnheit, so stellt sich Verwunderung ein, Staunen über Größe und Verschiedenheit all dessen, was existiert oder von dem wir glauben, dass es existiert; anschließend erproben wir, uns für jene Handlung anstelle einer anderen zu entscheiden, entdecken so die Freiheit und mit ihr das Mögliche. Und wenn es das Mögliche gibt, taucht eine weitere Frage auf: Wo endet das Mögliche? Wo gerät es mit dem Notwendigen in Konflikt, mit der unermesslichen Menge der Tatsachen, die das Geschehen bestimmen? Die kindliche Frage nach dem »Warum?« steckt voller metaphysischer Neugier: Weshalb ist die Welt gerade diese und nicht eine andere? Warum ist die Welt auf gerade jene Weise festgelegt, die wir nach und nach entdecken? Warum ist jede andere Möglichkeit ausgeschlossen, und weshalb ist das Mögliche reduziert auf interne Variationen innerhalb dieser Seinsweise unter Ausschluss anderer Möglichkeiten? Warum kann die Welt nicht auf unendlich viele andere Weisen existieren? Kinder ergötzen sich am Märchenhaften in den unterschiedlichsten Ausprägungen, denn es stellt das Mögliche gegen das Notwendige, das »Alternativlose«, das jede Welterfindung ausschließt.

> das Nichts in meinem Rücken, die Leere hinter mir, im Schrecken der Trunkenheit.

Der Schrecken der Trunkenheit, ähnlich der kindlichen Angst vor dem Dunkeln. Wie das Nichts und die Leere bei Montale, so ist das Dunkle der Ort der unbestimmten Möglichkeiten: anders als *Bäume*,

Häuser, Hügel, daher ungewohnt, beunruhigend und unheimlich, weil sich dort alles zutragen kann. So ist die Entdeckung des Nichts jene des unbegrenzt Möglichen. Das Nichts ist allmächtig, unendliche Möglichkeit – im Gegensatz zum Bestehenden, das als eindeutig festgelegte Wirklichkeit erscheint. Das Nichts ist der Ort des Bestehenden, gerade so wie die Stille das unbestimmt Mögliche von Musik und Sprache ist. So ist das Nichts die unendliche Möglichkeit als Bedingung der Möglichkeit der Natur. Als verwirklichte Möglichkeit ist die Natur das Sein, und als solches hat es kein anderes Ziel als zu sein, hat seine Bestimmung nur in sich selbst, aber vielleicht ein Ende im Nichts. Wenden wir uns um, so stehen wir vor dem Nichts, der unendlichen Möglichkeit, auch jener der Inexistenz. Und auf dieses Mögliche projizieren wir, wie auf eine Leinwand, *Bäume, Häuser, Hügel*, durch die das Existierende aufscheint, als *gewohnte Täuschung* und Anzeichen des Seins, die einzig verwirklichte unter den unendlichen Möglichkeiten des Seins.

Die einzige? Außer im Kopf der Kinder schafft auch im Bewusstsein der Wissenschaftler die Idee des Möglichen einen Zweifel: Wäre es denkbar, dass das Universum, das wir erforschen, uns nur deshalb als einmaliges erscheint, weil unsere Wahrnehmung und unser Verstand so beschränkt sind? Wäre es nicht denkbar, dass es andere Universen gibt, deren Existenz sich uns entzieht?

Das indianische *Sunya*: der Himmel, das Kreisgewölbe des Himmels, die Leere, das Nichts als Statthalter der Abwesenheit von Quantität und Zahl; daher die mathematische Erfindung der Null und ihre Symbolisierung als Kreis; der Punkt als Kontraktion des Kreises in seinem Zentrum, der bewegte Punkt als Entstehung der Linie, aus der seitlichen Bewegung der Linie die Oberfläche, aus der Lateralverschiebung der Oberfläche das Volumen, von dort der dreidimensionale Raum und von dort schließlich die Dinge und die Welt. Innerhalb dieser Sequenz die sich ausschließenden Begriffe: Sein und Nichts. Die Null, Wiege des Seins, mit dem Kreissymbol, das auf das Nichtsein verweist, aus dem das Sein und seine Potenz (1, 10, 100 000) entspringt. Das Grenzenlose, das *En-Sof*, d.h. »Ohne Grenze« der hebräischen Kabbalah: Die Null wäre Gott. Das gälte auch für das Verb »sein«, welches als Hilfsverb die Attributionsfunktion erfüllt (»der Mensch *ist* sterblich«), aus dem jedoch substantiviert »das Sein« wird, gleichrangig neben der Null.

Im *Zibaldone* schreibt Giacomo Leopardi:

> Alles in allem liegt der Anfang aller Dinge, und selbst Gott, im Nichts. Da kein Ding absolut notwendig ist, d.h. dass es keinen absoluten Grund gibt, dass es nicht auch nicht sein könnte, oder zumindest nicht in dieser Art etc. Und alle Dinge sind möglich, d.h. dass es keinen absoluten Grund gibt, dass es

> nicht sein könnte, zumindest auf diese oder jene Art etc. Und unter all den Möglichkeiten gibt es keinen absoluten Unterschied, und auch keine absolute Differenz im Hinblick auf mögliche Vollendung und Güte. (S. 1341)

Und weiterhin:

> Das Nichts verhindert nicht, dass ein Ding ist, Bestand hat, dauert. Wo das Nichts ist, dort gibt es keinerlei Hindernis, dass ein Ding ist oder entsteht. Jedoch ist das Nichts notwendigerweise Raum, Ort. (S. 4233)

Im Hebräischen ist »Ort«, *maqòm*, eine Bestimmung Gottes, und es heißt: »nicht ist die Welt der Ort Gottes, sondern Gott ist der Ort der Welt« (*Bereshit Rabbah* 68,9), die Bedingung und der Grund ihrer Existenz.

Die Schöpfung spricht von einer Transformation Gottes. Die Welt erschaffend wird Gott in seiner Allmacht zum Schöpfer, so wie eine Frau durch das Gebären zur Mutter wird. Der schöpfende Gott bringt das »Geschaffene«, das Nicht-Göttliche, hervor. Gemäß Isaak Luria, dem Begründer der neuzeitlichen Kabbalah im 16. Jahrhundert, zieht sich Gott-Ort zusammen, um dem Nicht-Göttlichen Raum zu geben. Das ist das *tzimtzum*, der Rückzug Gottes. Am siebenten Tag ruhte Gott von allen seinen Werken, die er in den sechs Tagen geschaffen hatte. Der *Shabbat*, der Samstag, kann so als Gedächtnis des *tzimtzum* gedeutet werden: So wie der Schöpfer sich von seinem Werk der Weltschöpfung zurückzieht, so ist dem Menschen aufgetragen, am siebten Tag von seinem Tun der Weltveränderung abzulassen und sie in Ruhe zu lassen. Aber Lurias Kabbalah verweist auch auf das Paradox, dass einerseits eine Allmacht als solche über unendliche Möglichkeiten verfügt, andererseits mit der Welt, so wie sie ist, etwas Begrenztes erschafft, und folgert, dass die Schöpfung in Wahrheit eine Katastrophe sei. Die »Gefäße« des Erschaffenen vermögen die Kraft des göttlichen Lichts nicht in sich zu wahren, sie zerbrechen, und das göttliche Licht zerstreut sich in unzählige Funken. Demgemäß sei von Anfang an die Aufgabe des Menschen, das *tikkun 'olam*, die zersplitterte Welt, die göttlichen Funken in ihren zerstreuten Fragmenten wieder zusammenzusetzen: die Rückgewinnung des Ganzen im Hinblick auf den Einen.

Auf dem Grund der Ruhe des Schöpfergottes spielt sich am siebenten Tag ein kosmisches Drama ab, der Ruhe jenes *tzimtzum*, welches der Rückzug Gottes von seinem Werk ist. Und dieses Drama besagt, dass die unendlich-unbestimmte Möglichkeit etwas Begrenztes hervorbringt, nämlich die Schöpfung. Das ist nicht mehr der Eine, sondern es besteht aus vielfältigen und getrennten Einzelheiten. Es ist der Raum begrenzter und zersplitterter Möglichkeiten, unfähig, die göttliche Allmacht zu enthalten. Der Samstag, das Fest der Ruhe, ist wie jede rituelle Feier das verwandelte Gedächtnis eines Dramas. Das gilt z. B. für das jüdische *Pesach*, das die Befreiung vom Sklaventum feiert, ebenso wie für das christliche Ostern als Befreiung vom Tod. Die kabbalistische Erzählung erläutert die rituelle Ruhe des siebenten Tages, erinnerungslos gegenwärtig in unserem Wochenende.

Das Staunen

Eine wunderbare Donald-Duck-Geschichte, 1949 von Carl Barks gezeichnet, hat sich mir eingeprägt. Mit Tauchgeräten ausgestattet, begeben sich Donald und Dagobert auf den Meeresgrund. Da entdecken sie eine Unterwasserstadt mit großartigen Palästen und Freitreppen, Stadtvierteln und Warenhäusern, alles dicht besiedelt und belebt. Über ihr schwimmen Wale. Dagobert sagt: »Schau!« Und Donald antwortet: »Donnerwetter, Wale!« Dieses »Donnerwetter, Wale« ist in meinen eigenen Sprachgebrauch eingezogen für die Momente, in denen wir uns auf Nebensächliches konzentrieren, statt das Wesentliche in den Blick zu nehmen. So etwa, wenn wir, völlig zu Recht, uns über einen Bankraub aufregen und dabei den unendlich bedeutenderen Raubzug aus dem Blick verlieren, den die Algorithmen des globalen Finanzkapitals durchführen. Oder auch, um bei meinem Thema zu bleiben, wenn wir dem Wunderglauben der Religion und der Magie in den Märchen mit Ironie begegnen und damit zu erkennen geben, dass wir das Staunen über unser rätselhaftes Leben im Universum verloren haben. Vertrautheit führt zur Gewohnheit, und Gewohnheit führt uns dazu, die poetische Kraft des Staunens zu verlieren. Sie lässt uns etwas als selbstverständlich nehmen, was, von weitem gesehen, alles andere als selbstverständlich ist. Die Teilung der Fluten des Roten Meers oder eine Jungfrauengeburt sind jedoch Nebensächlichkeiten angesichts des Wunders der Existenz eines Universums, das, rational betrachtet, eher inexistent oder auch ganz anders gestaltet sein könnte. Ich sage dies nicht um des Glaubens und der Wunder willen, sondern vor allem um des Staunens willen; denn das Staunen ist der Stimulus der Kunst, der wissenschaftlichen Forschung und des Wissens überhaupt, mithin jener Aktivitäten, die die Evolution in uns denkenden und phantasiebegabten Primaten sich hat entwickeln lassen.

Gewiss sind die von den Religionen erzählten Wunder Gebilde der Vorstellungskraft, wohl auch Ereignisse, deren unmittelbare Beweggründe unbekannt bleiben. Sie mögen die Freiheit Gottes bekunden, über die Er verfügt im Überschreiten der Regeln, die Er selbst der Natur auferlegt hat. Oft sind die Wunder allerdings auch ein demagogisches Mittel der Religion *pour épater les croyants* (»um die Gläubigen in Erstaunen zu versetzen«). Es sind Spiele der Religionen und ihrer Sachwalter mit der Geltung Gottes. Gleichwohl fühle ich mich verpflichtet, den *advocatus diaboli* als Fürsprecher der Wunder zu spielen. Wenn nämlich die Gewohnheit zur blinden Anpassung an das Gegebene zur Zwangsvorstellung, zum Quasi-Instinkt wird, dann wird aus dem Wunder, das das Gewohnte infrage stellt, eine wie auch immer phantastische oder übertragene Erinnerung an die Idee des Möglichen und vielleicht auch der Freiheit.

Die Freiheit besteht in einem Vermögen und in einem Wissen: etwas zu tun, zu sagen, zu entscheiden. Derjenige, der aus bester ethischer, politischer und sozialer Absicht heraus behauptet, die Freiheit sei unteilbar, weil entweder alle oder niemand vollkommen frei ist, sagt etwas Wahres, aber nicht die ganze Wahrheit. Die Freiheit ist grundsätzlich geteilt. Wer über mehr Macht verfügt, verfügt über mehr Freiheit. Der Streit hierüber ist dauerhaft, in der Politik ebenso wie im sozialen Kontext und im Verhältnis der Geschlechter. Es gibt immer jemanden, der Macht und Freiheit anstrebt und sie anderen entzieht. Und man kann nicht davon ausgehen, dass die Wunder, als Ausdruck göttlicher Macht und Freiheit, immer eine Ermutigung zum menschlichen Freiheitsgewinn seien. Häufig trifft das Gegenteil zu: ein Freiheitsanspruch im Namen Gottes. So kann man die Phasen der Säkularisierung als eine Art Klassenkampf zwischen dem Menschlichen und dem Göttlichen ansehen, wobei zu prüfen bleibt, wer die transzendente Instanz für sich in Anspruch nimmt.

Auch hier bleibt Hegels Herr-Knecht-Dialektik gültig: Indem er dient, lernt der Knecht zu handeln; der Herr wird, indem er die Arbeit des Knechts in

Anspruch nimmt, aufgrund seiner Passivität inkompetent, sodass die Kräfteverhältnisse sich ändern und damit auch das Machtverhältnis sich umkehrt und in die Revolution führt. Die Linkshegelianer, und insbesondere Karl Marx, haben sich hiervon in ihrer Ethik und in ihrer Gesellschaftstheorie inspirieren lassen.

So verpflichtet etwa auch die religiöse Idee des Letzten Gerichts das Individuum, sich vor dem göttlichen Richterstuhl zu verantworten, und hebt damit das Konzept der Person hervor, indem es ihr einen freien Willen in der Entscheidung zwischen Gut und Böse zubilligt. Im Kern ist hier der moderne Begriff der Person angelegt, die in autonomer Handlung ihre Moral, ihr Weltwissen und ihre Geschichte entwirft und damit der religiösen Zuständigkeit entzieht. Verstrickt in ihren Ewigkeitsanspruch, geht es der Religion nur um Selbsterhaltung. Sie verliert ihre Kreativität und offenbart ihre Vergänglichkeit aufgrund ihrer historischen Bedingtheit. Erich Auerbach verweist auf das Paradox, dass die religiöse Idee der Unsterblichkeit der menschlichen Seele gerade die Prämisse des laizistischen Verständnisses des Individuums ist, eines Kernbegriffs der Säkularisierung. Hierher gehört auch die christliche Vorstellung von der Inkarnation Gottes in Menschengestalt. Der menschliche Geist neigt zur Umkehr der Größen: So wie das Menschenbild dazu diente, das Göttliche zu bebildern, so kehrt es ins Diesseits zurück zur

Steigerung des Menschlichen. Ähnliches taucht auf im Phantasma technischer Allmacht, die für sich in Anspruch nimmt, alle Probleme zu lösen. Dergestalt unterliegt auch die Säkularisierung der Umkehr, sodass sie sich mit der Religion in einer Art Teufelskreis bewegt.

Die Sünde

Religion und Laizismus teilen sich ein gemeinsames Laster. Was ist der Inbegriff der biblischen Sünde? Es ist nicht der Verstoß gegen das Verbot, vom Baum der Erkenntnis zu essen, und auch nicht das Geschlecht; es ist die Idolatrie. *'Avodà zarà*, »fremder Kult«, heißt es in der Schrift, und wir können hinzufügen: entfremdet und entfremdend. Jede Sünde, vom Zorn über die Ichsucht, die Völlerei bis zur Wollust ist auf den Tatbestand der Idolatrie zurückzuführen als der Verabsolutierung eines Einzelnen. In ihrer ursprünglichsten Form ist die Idolatrie die Anbetung eines Gegenstands, die Vergöttlichung eines Produkts unseres Geistes oder unserer Hände, dem wir eine eigene Macht und einen eigenen Willen zuschreiben, dem wir uns unterwerfen. In diesem Sinne bedeutet Idolatrie Entfremdung: Das Subjekt unterwirft sich einem von ihm selbst geschaffenen Objekt, sei dieses physisch oder mental. Das bekannte Paradigma ist das Goldene Kalb (Ex 32). Mose, zur Begegnung mit Gott auf den Berg Sinai gestiegen, ist schon lange abwesend, das Volk fühlt sich in der Wüste verlassen und führerlos und sagt zu Aaron:

> Auf, mach uns einen Gott, der vor uns hergehe! Denn wir wissen nicht, was diesem Mann Mose widerfahren ist, der uns aus Ägypten geführt hat. (Ex 32,1)

Gemäß der biblischen Logik fasst die Aufforderung des Volkes die wesentlichen Elemente der Idolatrie in einem Gewirr zusammen, das sich in etwa folgendermaßen entwirren lässt: Mach uns einen Gott (*Elohim*), der menschliches Werk sei, ein Ding, das uns den Menschen ersetzt, der an die Stelle Gottes getreten ist, um uns aus Ägypten zu führen, einen Mann, von dem wir uns jetzt lossagen, da er auf dem Berg verschwunden und, wie Gott, unsichtbar geworden ist; an die Stelle des Unsichtbaren trete ein sichtbarer Gott, und dieser führe uns so, wie es zuvor der Mann Mose gemacht hat.

Ersetzen, absetzen, Menschliches und Göttliches vermengen, verdinglichen, nämlich aus einem Subjekt ein Objekt machen, von dem man sich vorstellt, dass es über Denken und Willen verfügt. Ein *midrash* sagt tatsächlich, dass das Goldene Kalb sich bewegte.

So hat also Aaron im Volk das Gold eingesammelt (es wird berichtet, dass die Frauen sich weigerten, ihr Gold abzugeben) und daraus das Kalb gemacht. Aaron nimmt zu diesem Vorgang mit einem »psychoanalytischen« Argument Stellung: Eure Angst vor dem Unsichtbaren und vor der endlosen Wüste ist in Wahrheit Angst vor der Freiheit; euer Wille zum

Auszug aus Ägypten hat sich zum Heimweh nach Ägypten verwandelt, zum Verlangen nach Sicherheit, wie sie die Unterwerfung und das Leben in Sklaverei bedeuteten; so steht ihr nun vor dem ägyptischen Apis in Form des Kalbs. Aber Aaron willigt in die Forderungen des Volkes ein und ist bereit, das Idol zu erschaffen. So hat man es hier mit Idolatrie als Verführung der Menge mit dem Ziel der Sicherung der eigenen Autorität zu tun. Das ereignet sich am Fuße des Berges, auf dem zur gleichen Zeit Mose, der Bruder des Aaron, der göttlichen Botschaft lauscht. Es ist ein Beispiel für die Nähe von Religion und Idolatrie.

Da Wort und Bild das Bestehende zu evozieren vermögen, können sie sich auch an seine Stelle setzen. Das Wahre artikuliert sich im Sprachgewand, d. h. in Worten, Bildern und Gesten, die Stellvertreter oder Ersatz des Wahren sind oder es zersetzen. Im Religiösen gilt das Idol, ausgeführt von Kopf und Hand, als zersetzender Ersatz des Göttlichen.

Wir sind mit Symbolkompetenz ausgestattete Lebewesen. Das Wort selbst ist Symbol, denn es vereinigt in seinem Klang einen Zusammenhang, und es erweckt beim Sprecher wie beim Hörer die Vorstellung von Empfindungen und Erfahrungen, die sowohl mit anderen geteilt werden als auch individuell ausgeprägt sind. Die Poesie befreit das Wort (und auch Geste und Bild) von der rein informativen Funktion, um ihm Bedeutungszusammenhänge zurückzugeben, die es zu verdichten oder zu erweitern vermag.

Die Sprache ist von sich aus eine Wirklichkeit, eine konkrete Praxis des gemeinsamen Erfassens von außersprachlicher Wirklichkeit und des Verweisens auf sie. Sie dient dem Menschen zur Kommunikation mit anderen und mit sich selbst. Es gibt indes zwischen Wort und Bild einen Unterschied. Die Sprache ist weniger unmittelbar als das Bild, sie übersetzt das Sicht- und Greifbare in einen Klang und wahrt so einen Abstand zu den Dingen. Das Bild hingegen, gemalt oder gemeißelt, tritt uns wie anderes Sichtbare und Greifbare entgegen und erschafft damit eine direktere Illusion der Wirklichkeit, für die es steht. Überall in der Bibel findet sich eine Kritik der bildgebenden und handlungsanweisenden Funktion der Sprache. So heißt es etwa: »Du sollst dir kein Bildnis noch irgendein Gleichnis machen … Bete sie nicht an und diene ihnen nicht«; oder auch: »Du sollst den Namen des Herrn, deines Gottes, nicht missbrauchen.« Das heißt, dass das Wesen Gottes dem menschlichen Werkzeug der Sprache nicht untergeordnet werden darf.

Auf der letzten Seite des *Phaidros* behandelt Platon in einer mythischen Erzählung des Sokrates das Problem des Werkzeugs als Entfremdung. Theuth, der Gott der Erfindungen, sagt zum Pharao Thamus, er habe eine Kunst erschaffen, die er ihm zum Geschenk machen wolle. »Welches Geschenk?«, fragt der Pharao. »Die Buchstabenkunst als ein Mittel für den Verstand und das Gedächtnis«, antwortet der Gott. Der Pharao aber gibt Folgendes zu bedenken:

> O kunstreicher Theuth, einer versteht, was zu den Künsten gehört, ans Licht zu bringen; ein anderer zu beurteilen, wieviel Schaden und Vorteil sie denen bringen, die sie gebrauchen werden. So hast auch du jetzt als Vater der Buchstabenkunst aus Liebe das Gegenteil dessen gesagt, was sie bewirken. Denn diese Erfindung wird der Lernenden Seele vielmehr Vergessenheit einflößen aus Vernachlässigung des Gedächtnisses, weil sie im Vertrauen auf die Schrift sich nur von außen vermittels fremder Zeichen, nicht aber innerlich sich selbst und unmittelbar erinnern werden. Nicht also für das Gedächtnis, sondern nur für das Nicht-Vergessen hast du ein Mittel erfunden. Und von der Weisheit bringst du deinen Lehrlingen nur den Schein bei, nicht die Sache selbst. Denn indem sie nun vieles gehört haben ohne es gelernt zu haben, werden sie sich vielwissend zu sein dünken, obwohl sie doch größtenteils unwissend sind und der Vernunft nicht zugänglich, da sie nur über Informationen (doxa sophoi) und nicht über Wissen verfügen werden. (*Phaidros*, 274e–275b, übers. v. Fr. Schleiermacher)

Also Nutzen und Schaden unserer technischen Mittel, angefangen mit der Schrift, mit der wir Wissen und Gedächtnis entäußern und speichern, aber nicht in uns selbst bewahren, sodass wir darauf verzichten, es unmittelbar in unserem Geist lebendig sein zu lassen. Indem auf diese Weise ein gut Teil von dessen

Aktivität nach außen verlagert wird, verliert er an Kraft. Elias Canetti lässt den Protagonisten in *Die gerettete Zunge* sagen, dass er in einem Notizbuch all das aufzeichnete, was er vergessen wollte. War das eine Erinnerung an Platon oder an seine eigene jüdische Herkunft? Ähnlich nämlich wie der Sokrates im *Phaidros* waren die alten jüdischen Lehrmeister abgeneigt, die *Tōrā šebbə'al-pe*, die »mündliche Tora« zu verschriftlichen, jene, die von Generation zu Generation »von Mund zu Mund« weitergegeben wurde. Aus historischer Notwendigkeit, nämlich angesichts der Gefahr, dass die Zerstreuung der Gläubigen die mündliche Überlieferung unmöglich werden ließe, entstand das wunderbare Zwischending, der Talmud, der das Schriftverbot missachtet und Zeugnis ablegt von den Beratungen der Lehrmeister zwischen dem 2. und 5. Jahrhundert und dabei in diskontinuierlicher und uneinheitlicher Form die mündlichen Streitgespräche reproduziert. Auch Platon hielt sich freilich nicht an Sokrates' Lehre im *Phaidros*, und auch er bildete in seinen *Dialogen* das gesprochene Wort nach.

Wir wenden uns nun, zum Thema zurückkehrend, der Beziehung zwischen Idolatrie und Entfremdung zu. Anders als im *Phaidros* bezüglich der Schrift erfahren wir auf viel umfassendere Weise Nutzen und Schaden der Technik in unserer Zivilisation der Maschinen, Computer und Internetportale. Hier geht es um die Übertragung (und Entfremdung) physischer und geistiger Kräfte vom Menschen auf die Technik. Platon hat das Grundproblem erfasst, und von ihm gelangen wir zu Karl Marx, der auf die Entfremdung durch technische und institutionelle Strukturen hinweist.

In einer berühmten Passage im Ersten Buch des *Kapital* spricht Marx vom Warenfetischismus:

> Eine Ware scheint auf den ersten Blick ein selbstverständliches, triviales Ding. Ihre Analyse ergibt, daß sie ein sehr vertracktes Ding ist, voll metaphysischer Spitzfindigkeit und theologischer Mucken. [...] Der geheimnisvolle Charakter der Ware entspringt also nicht aus ihrem Gebrauchswert. Er entspringt ebensowenig aus dem Inhalt der Wertbestimmungen. [...] Das Geheimnisvolle der Warenform besteht also einfach darin, daß sie den Menschen die gesellschaftlichen Charaktere ihrer eigenen Arbeit als gegenständliche Charaktere der Arbeitsprodukte selbst, als gesellschaftliche Natureigenschaften dieser Dinge zurückspiegelt, daher auch das gesellschaftliche Verhältnis der Produzenten zur Gesamtheit als ein außer ihnen existierendes gesellschaftliches Verhältnis von Gegenständen. [...] [D]ie Warenform und das Wertverhältnis der Arbeitsprodukte, worin sie sich darstellt, hat mit ihrer physischen Natur und den daraus entspringenden dinglichen Beziehungen absolut nichts zu schaffen.

Im vorkapitalistischen Warentausch verkaufe ich ein von mir hergestelltes Produkt einem anderen, für den es nützlich ist; ich erhalte Geld dafür, mit dem ich etwas Nützliches für mich selbst kaufe, das ebenfalls ein anderer hergestellt hat. Die Formel lautet: Ware > Geld > Ware (W > G > W). Die Betonung liegt auf dem Gebrauchswert des Produkts, und das menschliche Subjekt bleibt der Bezugspunkt, sei es wegen des Nutzens der Produktion oder jenes der Gegenstände. Der kapitalistische Tausch ändert die Logik folgendermaßen: Geld > Ware > Geld (G > W > G). Damit ist nicht länger der Gebrauchswert der Sinn des Tauschs, sondern das Geld. Geld und Ware haben eine Verwandlung durchgemacht. War Geld zuerst das Mittel, um Gebrauchswerte zu tauschen, verwandelt die kapitalistische Logik das Geld zum Zweck und die Ware zum Mittel des Tauschs. An die Stelle des Gebrauchswerts tritt der Tauschwert. Stelle ich z. B. Fahrzeuge her, so liegt ihr eigentlicher Nutzen nicht in ihrer Funktion als Transportmittel, sondern sie dienen letztlich der Akkumulation von Geld, von Kapital.

Der Gebrauchswert bleibt im Spiel (niemand würde etwas kaufen, das nicht einen praktischen oder psychologischen Nutzen hätte), aber er wäre nur der »Vorwand« und dem Tauschwert in Wahrheit untergeordnet. Der Arbeiter bleibt unverzichtbar, aber er ist auf seine Funktion als »Arbeitskraft« reduziert, als menschliches Mittel im mechanischen und organisatorischen Produktionsprozess. Die sozialen Beziehungen zwischen den menschlichen Subjekten, zwischen Arbeiter und Kapitalist, unterliegen einer Verdinglichung mit den abstrakten Größen Maschinenpark, Kapital und Arbeitskraft. Gesellschaftlich gesehen behandelt der Kapitalismus jedes Element gemäß der Warenlogik. Bis zur Unkenntlichkeit werden die menschlichen Bezüge zu sozialen Sachbezügen, wobei diese Sachen – als Waren – als gesellschaftliches Leben in Erscheinung treten.

Es ließe sich diese verdrehte und illusorische Wahrnehmung der Wirklichkeit erneut auf Platon zurückführen, nämlich auf sein Höhlengleichnis in der *Politeia*. Aber Marx zieht es vor, Feuerbach zu folgen, wenn er auf die Wirkung der religiösen Entfremdung Bezug nimmt:

> Es ist nur das bestimmte gesellschaftliche Verhältnis der Menschen selbst, welches hier für sie die phantasmagorische Form eines Verhältnisses von Dingen annimmt. Um daher eine Analogie zu finden, müssen wir in die Nebelregion der religiösen Welt flüchten. Hier erscheinen die Produkte des menschlichen Kopfes mit eigenem Leben begabte, untereinander und mit den Menschen in Verhältnis stehende selbständige Gestalten. So in der Warenwelt die Produkte der menschlichen Hand. Dies nenne ich den Fetischismus, der den Arbeitsprodukten anklebt, sobald sie als Waren produziert werden, und der daher von der Warenproduktion unzertrennlich ist.

Von der biblischen Sünde der Idolatrie sind wir ausgegangen und beim Warenfetischismus als der historischen »Sünde« des Kapitalismus angelangt: Beide Male unterwirft sich der Mensch unter das, was er hervorbringt – seine physischen und mentalen Werkzeuge. Wir sind einem geraden Weg gefolgt. Seine Meilensteine sind die verschiedenen historischen Formen der Entfremdung.

Ein Algorithmus beherrscht den Finanzmarkt und beeinflusst als fremde, unpersönliche Macht das Leben von Milliarden Menschen. Und mit Gewissheit können wir nicht sagen, ob die digitale Technik uns zu Diensten ist oder wir ihr. Andererseits – nach Freuds Entdeckung, dass das bewusste Ich nur ein geringer Teil unseres seelisch-geistigen Apparats ist – wissen wir nicht, ob unsere Entscheidungen durch den Verstand oder durch unbewusste Triebe gefällt werden. Schon Spinoza sagte in seiner *Ethik*, dass die Leidenschaften sich gegenüber dem Verstand durchsetzen, sodass die Idee der Freiheit gewagt und das Konzept des »freien Willens« prekär seien. Und vielleicht kann man bis auf Paul von Tarsus (Apostel Paulus) zurückgehen, wenn dieser sagt: »Denn das Gute, das ich will, das tue ich nicht, sondern das Böse […]« (Röm 7,19). Dem steht die Utopie des ökonomischen Liberalismus entgegen, die davon ausgeht, dass der Homo oeconomicus ebenso wie die Märkte und die demokratischen Wähler ihre Interessen rational verfolgen. Auch aus biologischer Sicht wissen wir nicht, ob wir vernunftgesteuert leben oder von der DNA unserer Gattung gelenkt werden. Die Entfremdung kommt nicht nur von außen. Sie ereignet sich auch in unserer Einbildungskraft mit ihrer Neigung, Wirklichkeitsbilder zu entwerfen und die Wirklichkeit zu verdrehen. Der Gott der Bibel weiß sehr wohl, dass sein Volk immer wieder, und oft unwissentlich, der Idolatrie verfällt, sei es z. B. in der Form des Fundamentalismus oder des Nationalismus. Gott weiß, dass von ihm selbst die Versuchung ausgehen kann, als Götzenbild verehrt zu werden, und deshalb sagt er: Sprecht meinen Namen nicht aus.

Zustandsänderungen

... Höret, und es sei euch Trost und Spott:
Vor zwanzig Milliarden Jahren
Glühend, von Raum und Zeit befreit
war da eine Flammenkugel, einsam und ewig,
Unser aller Vater und Henker,
Und sie explodierte, und es begann Veränderung.
Noch immer, von dieser frühen Katastrophe
Erklingt ein schwaches Echo
aus den fernsten Räumen.
Aus diesem einzigen Knall ist alles entstanden
Das eine All, das uns umgibt und herausfordert
Die eine Zeit, die uns hervorbringt und überwältigt
ein jedes Ding, das man erdenkt ...

Dies sind Verse aus Primo Levis Gedicht *Am Anfang* vom 13. August 1970, in denen er die wissenschaftliche Entdeckung des Urknalls in poetische bzw. prophetische und apokalyptische Sprache übersetzt.

Die Astrophysiker Penzias und Wilson, die 1965 die Hintergrundstrahlung des Urknalls aufzeichneten, glaubten zuerst, sie hätten es mit einem Messfehler, mit einem menschlichen Irrtum zu tun. Erst später gelangten sie zu der Überzeugung, dass es sich um etwas bis dahin Fremdes handelte, das es tatsächlich gab und das für das ganze Universum galt. Dieses Geräusch stammte von einem prüfbaren, aber unerklärlichen, einem beschreibbaren, aber rätselhaften Ereignis: der plötzlichen Verwandlung von Nichts in Etwas. Es war der Geburtsschmerz des Nichts, der Geburtsschrei von Raum und Zeit *vor zwanzig Milliarden Jahren* (heute zählt man 13,8 Milliarden Jahre).

Creatio ex nihilo: ein Ereignis aus dem Nichts und im Nichts. Ein inzwischen gesichertes, aber unerklärliches Ereignis. Warum hat es sich vollzogen? Was gab es zuvor? So lautet die unwillkürliche, aber sinnlose Frage, denn ein »zuvor« wäre bereits in der Zeit, und die Zeit beginnt erst mit dieser Explosion, der nichts Zeitliches vorangehen kann. Wir können sagen: »von jenem Augenblick an«, *aus diesem einzigen Knall*, aus dieser »Singularität«, wie es die Astrophysiker bezeichnen. »Am Anfang«?

»Am Anfang« sind die ersten Worte der Bibel, was dem hebräischen *bereshit* entspricht. Es liegt also nahe, den Urknall mit dem plötzlichen Schöpfungsbeginn in der Bibel zu vergleichen. *Bereshit barà Elohim et bashammaim vet haaretz*, »am Anfang schuf Gott Himmel und Erde«. Auch wenn der Urknall bisher die »theologischste« Erfindung der Wissenschaft ist, so bleibt der biblische Anfang für uns doch verständlicher. Das *bereshit* setzt ein »Früher«

voraus, nämlich Gott, den Schöpfer. Dass eine *causa prima* vorausgesetzt wird, holt das *bereshit* in eine uns vertraute Logik, nämlich die Beziehung zwischen Ursache und Wirkung. Ein Schöpfer, der etwas hervorbringt, entspricht dem Bild, das wir von uns selbst haben. Es ist eine ins Unermessliche gesteigerte Projektion unseres eigenen Handelns und seiner Wirkungen. Der astrophysikalische Urknall impliziert nichts dergleichen, er bleibt vollkommen außerhalb unserer Logik, die erst *nach* ihm einsetzt und sich ausschließlich auf Tatsachen bezieht.

Das *bereshit* der Bibel hat gleichwohl etwas Beunruhigendes. Die hebräischen Interpreten zweifeln an der Absolutheit des Anfangs, weil die Bibel nicht mit dem ersten Buchstaben des Alphabets, dem *alef*, sondern mit dem zweiten, dem *beth*, beginnt. Die biblische Erzählung räumt dies ein: Sie sagt nicht, dass Gott die Wasser erschuf, sondern nur, dass auf den bereits vorhandenen Wassern Gottes Geist schwebte; also gab es die Wasser vor dem *bereshit*; sie sagt weiterhin, dass alles ein *tohu va-bohu*, eine dunkle, wüste, chaotische Masse war. Und es war diese *materia prima*, aus der Gott in jenem Anfang klare Formen schuf, nachdem er mit seinem ersten Wort das Licht erschaffen hatte. So wurde aus dem gestaltlosen Chaos der geordnete Kosmos.

Es spricht also der biblische Text nicht von einer Schöpfung aus dem Nichts, wie es die Deutung des Urknalls tut.

Im hinduistischen Text der Hymnen des *Rigveda* (x, 1 29), der auf eine vieltausendjährige Entstehungsgeschichte vor unserer Zeitrechnung zurückverweist, ist folgender wunderbare Abschnitt über die Ursprünge zu lesen:

> Da gab es weder Sein noch Nichtsein, keine Luft, keinen Himmel darüber. Was bewegte sich? Wo? Unter wessen Schutz? Was war das unergründliche, tiefe Wasser? Weder Tod noch Unsterblichkeit, weder Tag noch Nacht. Aus eigener Kraft, ohne Windhauch atmete das Eine; nichts gab es außer ihm. Am Anfang lagerte Dunkelheit über Dunkelheit. Das ganze Universum war eine undeutliche Welle [*salilà*, zitterndes Wasser]. Jener Lebensanfang, von Leere umzingelt, erzeugte sich selbst wie das Eine mittels der Kraft der eigenen Wärme.

Im Ersten Buch der *Metamorphosen* fasst Ovid die griechisch-lateinische Vision des Anfangs zusammen:

> Ehe das Meer und die Erde bestand und
> der Himmel, der alles deckt
> Da besaß die Natur im All nur ein einziges Antlitz,
> Chaos genannt, eine rohe und ungegliederte Masse [...]
> Zwar war Erde daselbst vorhanden und
> Meer und auch Lufthauch
> Aber Erde gewährte nicht Stand,
> die Welle nicht schiffbar

Lichtlos waren die Lüfte. Es schwankten
die Formen der Dinge,
Eines hemmte das andere, in ein und
dem nämlichen Körper
Kämpften das Kalte und Warme,
es rangen das Trockne und Feuchte,
Weiches stritt mit dem Harten, was ohne
Gewicht mit dem Schweren.
Aber es gab eine Schlichtung des Streits: ein Gott,
eine bessere
Kraft der Natur schied Himmel und
Erde und Erde und Wasser
Und er trennte den heiteren Himmel vom
dickeren Luftdunst. [...]
Kaum hatte er alles durch feste Begrenzung
in klare Formen gebracht
Als die Sterne, bis dahin in tiefer Finsternis
begraben,
allüberall jetzt am Himmel zu strahlen
begannen. [...]
Aber noch fehlte ein erhabeneres Wesen, begabt
Mit höherem Geiste und befähigt, über die anderen
zu herrschen.
Und es entstand der Mensch, sei's, daß ihn
aus göttlichem Samen
Jener Meister erschuf, der Gestalter der besseren
Weltform,
Sei's daß die Erde, die jugendfrische, erst kürzlich
vom hohen

Äther geschieden, die Samen,
die himmelsverwandten, bewahrte.
Denn sie mischte des Iapetus Sohn mit
dem Wasser des Regens,
Formte sie dann nach dem Bild der
alles regierenden Götter.
Während die anderen Wesen gebückt
zur Erde sich neigen,
Ließ er den Menschen das Haupt hoch tragen:
er sollte den Himmel
Sehen und aufgerichtet den Blick nach
den Sternen erheben.

(Übers. v. H. Breitenbach)

Ein indianischer Ursprungsmythos berichtet nicht vom Wandel des Chaos zum Kosmos, sondern umgekehrt von der Verwandlung der Ursprungsordnung in die vom Beginn des Lebens verursachte Unordnung. Hierzu passt die biblische Geschichte von der Vertreibung aus dem Paradies als Beginn fehlender Ordnung von Leben und Geschichte. Die Bibel berichtet von beiden Bewegungen: die sechs Schöpfungstage als Weg aus dem Chaos zur Ordnung; die Vertreibung aus dem Paradies als Übergang von der Ordnung ins Ungeordnete. Nach der Sintflut, verursacht durch Naturchaos, stellt der Turmbau zu Babel das menschliche Scheitern dar, eine einheitliche Ordnung zu schaffen.

»Schöpfung« ist ein theologischer Begriff. Die Astrophysik beschreibt ein unpersönliches Geschehen.

Aus der Leere – der Quanten-Oszillation der Leere – wird ein Kern unermesslicher Hitze, dann ein Ei, eine Flammenkugel aus Wasserstoff und Helium – vollkommen, weil quasi symmetrisch, quasi homogen in alle Richtungen – die sich im Raum ihrer selbst ausbreitet, selbsterzeugt, da es keinen Raum und keine Zeit außerhalb ihrer Ausdehnung gibt. Eine Vorstellung hiervon mag die Lichtvision Dantes geben, die ich in der Einleitung bereits zitiert habe:

> (das ew'ge Licht ...)
> Ich sah in seine Tiefe untertauchen,
> was durch das ganze Weltall webt zerstreut,
> verknüpft durch Liebe in ein einzig Bündel.
> Die Wesenheiten, Eigenschaften, ihre Art,
> verbunden miteinander auf diese Weise,
> daß, was ich sage, nur ein Widerschein.
> Von diesem Band glaub' ich, die Weltenform
> gesehn zu haben ...

Es gibt hier zwei Bewegungen, ein Zusammenfließen und ein Auseinanderströmen, eine Bewegung hin zum Zentrum »verknüpft als einzig Bündel«, und ein Sich-Zerstreuen des Bandes in einer unendlichen Ausdehnung, sich trennend und sich entfernend.

Diese doppelte Bewegung ähnelt den astrophysischen Hypothesen. Das Licht, das von den Grenzen des Universums zu uns kommt, hat 13,82 Lichtjahre zurückgelegt und gibt uns Kunde von dem, was vor 13,82 Jahren geschah. Dem Lichtstrahl folgend, der vom Ursprung ausgesandt wird, gehen wir zurück in der Zeit bis zu jenem Punkt, da alles noch *in einem einzig Bündel verknüpft* war. Wenn wir dann den Blick auf die Galaxien richten, sehen wir, wie deren Licht aufgrund der Veränderung der Länge der Lichtwellen sich nach Rot verschiebt, was seinerseits ein Sich-Entfernen der Sternenhaufen anzeigt, ein *Zerstreuen*, d. h. ein Sich-Ausdehnen des Universums. So erkennen die Astrophysiker beim Blick auf den Anfang der Zeit ein Zusammenlaufen aller Strukturen auf den Ursprung hin; die Rotverschiebung des Sternenlichts dokumentiert für sie ein fortschreitendes Auseinanderstreben, eine unbegrenzte Ausdehnung des Universums in seiner Raumzeit.

Seit seinem Anfang ist die Geschichte des Universums eine solche der Zustandsänderungen und des Temperaturwandels. Als die Hitze der Ursprungs-Expansion nachließ, soll das Higgs-Teilchen in seinem feinmaschigen Netz Bestandteile von Materie eingefangen und damit die Transformation von Energie in Masse eingeleitet haben. Das ist der Vorgang, mit dem das Universum Materie und Licht schafft und verwandelt: das Pulsieren seiner unzähligen Teilchen und die gewaltigen Rotationen der Galaxien.

Die Zustandsänderungen und Gestaltenwechsel gehören ins Zentrum der menschlichen Erfahrung von Leben und Tod und bilden sowohl explizite als auch untergründige Motive der Erinnerung, der Geschichte, der Mythen und Erzählungen.

Das *beth* des *bereshit* weist uns darauf hin, dass jenes »Am Anfang« nicht wirklich den Anfang, sondern vielmehr eine Zustandsänderung bedeutet. In Wahrheit ist es das Ende einer großen Schlacht zwischen Form und Formlosigkeit, zwischen Ordnung und Unordnung, zwischen *tohu va-bohu* und göttlichem Geist, mithin dem menschlichen, der »nach seinem Ebenbild« geformt ist. Es ist eine nie endende, stets vorgängige Schlacht, in die wir nach wie vor verstrickt sind. Ihr Sinnbild ist die Figur des Apostels Matthäus von Michelangelo, die aus der unförmigen Masse des Marmors sich herauslösen will, mit einer Muskelkraft, die zugleich seelisch und geistig ist – ein Sinnbild der Schöpfung nicht als etwas *Gegebenes*, sondern als *Vorgang* des Erschaffens und Sich-Gestaltens.

Wenn also das *beth*, der zweite Buchstabe des Alphabets, keinen absoluten Anfang bedeutet, so erscheint hingegen das *alef* in der biblischen Erzählung als tatsächlicher Anfang in dem Wort *anokhì*, »Ich«. Als Erstes sagt es Adam von sich selbst in Gen 3.10, ein andermal Gott auf dem Sinai zu Beginn der Verkündigung der Zehn Gebote in Ex 20,2 und dann beim Auszug aus Ägypten im 5. Mose 5,6: »Ich bin der Herr, dein Gott, der dich aus Ägyptenland geführt hat, aus der Knechtschaft.« Dieses *Anokhì*, in dem Mensch und Gott sich selbst als bewusste und handelnde Subjekte erkennen, erscheint zum Zeitpunkt einer Zustandsänderung. Bei Adam ist es der Augenblick, da er, nachdem er vom Baum der Erkenntnis gegessen hat, sich selbst als nackt wahrnimmt und, aus dem Paradies verbannt, sich selbst in die Welt und die Geschichte geworfen sieht. Bei Gott ist es der Augenblick, da er sich als ein in der Geschichte handelnder Gott zu erkennen gibt, der teilnimmt am mühsamen Auszug und an der schwierigen Verwandlung der Sklaven in ein Volk. Beide, Adam und Gott, sagen »Ich«, und beide, so ließe sich sagen, verweisen auf sich in wechselseitiger Entsprechung. Das »Ich« nämlich entspringt nicht aus einem Beharrungsvermögen, sondern aus einem Impuls zum Distanzgewinn, aus dem Erwachen des Selbstbewusstseins und der Begegnung mit dem anderen und mit einem Du. »Der Mensch wird aus Mühe geboren.« (*Mischna Avot* 5,7)

Kreuzungen

Die Begegnung verschiedener Denkweisen bringt ebenso Konflikte wie neue Ideen hervor. Um den rechten Winkel zu erfinden, dürfte sich Pythagoras mit den Erfahrungen der Bauleute auseinandergesetzt haben. Eine Stange mit drei, eine zweite mit vier Maßeinheiten, an deren Enden eine Stange mit fünf Maßeinheiten angelegt ist, bilden zusammen den rechten Winkel. Diese auf der Baustelle gemachte Beobachtung theoretisierte er und gewann daraus seinen berühmtesten Lehrsatz: Die Summe der Quadrate über den beiden Katheten ist gleich dem Quadrat über der Hypotenuse. In der lange währenden Auseinandersetzung mit den Mächten des Vorderen Orients verstanden es die Griechen, sich die mathematischen Entdeckungen der babylonischen Astronomen anzueignen und in ihre Geometrie zu integrieren. Die nach Babylon deportierten Hebräer gewannen aus dieser dramatischen Niederlage eine geschichtsmächtige Neuerung: die Entwicklung von der ethnischen zur universalen Gottesidee. Im Verbot der Darstellung des Göttlichen wird noch die Abkehr von einer totemistischen Vergangenheit, der beschränkten Stammesmentalität, deutlich. So wie sie sich mit dem

Auszug aus Ägypten mühsam aus der Sklaverei zur Freiheit und vom Stamm zum Volk emporgearbeitet hatten, so weitete die Auseinandersetzung mit dem babylonischen Reich ihren Blick. Die Vielvölkerherrschaft ist die politisch-praktische Erfahrung der Verwandlung des Einen ins Viele, und umgekehrt. Und das ist ein Schlüsselproblem der Erkenntnis, mithin auch der Philosophie und der Religion. Die Idee des Imperiums birgt jene des Universalismus und führt zugleich zur Kritik des Imperiums.

»An den Wassern zu Babel« (Ps 137) empfanden die deportierten Hebräer Schmerz und hegten Groll, bewunderten jedoch auch ihre Bezwinger. Sie lauschten deren Schöpfungsmythos, dem *Enuma elish*, in dem *Marduk*, der Gott der kosmischen Ordnung, das Seeungeheuer *Tiamat*, die große Ursprungsgöttin des Chaos, bezwingt. Auch hier also keine Schöpfung *ex nihilo*, sondern eine Zustandsänderung vom Chaos zur Ordnung, der Übergang vom Matriarchat zum Patriarchat. Hesiods *Theogonie* berichtet dagegen vom Kampf der Mütter und Väter (Gea und Uranos, Rea und Kronos ...), die Männer, die ihre Kinder fraßen, um nicht selbst entmachtet zu werden (»der Kindermord« erfolgt aus den gleichen Motiven und ist ein Ursprungsmythos weltweit), die Mütter, die beharrlich blieben, sodass sie die männliche Macht der Väter überdauerten bis hin zu jenem Kompromiss des gemeinschaftlichen Lebens auf dem Olymp, allerdings unter der Herrschaft des Zeus.

In der *Genesis* heißt es: »Am Anfang schuf Gott (*Elohim*) Himmel und Erde (*haaretz*)«. *Haaretz* bezeichnet jedoch die Ausdehnung der Erde und nicht ihre Materie, die *adamà* hieße und zugleich das Etymon des Namens *Adam* ist. »Und die Erde war wüst und leer (*tohu va-bohu*), und es war finster auf der Tiefe (*tehom*) und der Geist Gottes schwebte auf dem Wasser.« (Gen 1,1–2) Und Gott schuf das Licht und trennte es von der Finsternis. »Da ward aus Abend und Morgen der erste Tag (*iom echad*)«.

Gott schuf also Raum (Himmel und Erde) und Zeit (Tag und Nacht), aber das Wasser und die feste Erde scheinen vor diesem »Anfang« bereits zu bestehen. Sie befinden sich in tiefer, ungeordneter Finsternis, in die Gott mit seinem ersten Wort, »Es werde Licht«, Ordnung bringt. Die antiken Kommentatoren gehen von der Hypothese aus, dass *tehom* im Zusammenhang mit dem Namen *Tiamat* steht, der babylonischen Figur aus dem *Enuma elish*, da sie eine Fruchtbarkeitsgöttin des Wassers ist, und dass sich von ihrem Namen auch das griechische Wort *thàlatta*, »Meer«, ableitet. Wenn im babylonischen Epos die Zustandsänderung als Machtkampf zweier Gottheiten, *Marduk* und *Tiamat*, gestaltet ist, so tritt im biblischen Text an die Stelle des Kampfes der Eine Gott, der die *unpersönliche* Macht des Chaos bezwingt. Der babylonische Polytheismus klingt nach, wurde jedoch hin zum Monotheismus weiterentwickelt.

Die *Genesis* scheint implizit davon auszugehen, dass Wasser und Erde zu Beginn der Erzählung bereits da waren. Bei Empedokles von Agrigent hingegen sind Erde, Wasser, Feuer und Luft die vier Elemente, aus denen in unterschiedlichen Kombinationen die Welt zusammengesetzt ist. Die Bibel stellt die Beziehung zwischen dem Schöpfer und der Welt in den Mittelpunkt, der Grieche die Beschaffenheit der Welt.

Platon widmet sich im *Timaios* der Frage nach Schöpfer und Geschöpftem, des Zeitlos-Seienden und des in der Zeit Erschaffenen. Man kann so weit gehen und eine Affinität zwischen *Timaios* und *Genesis* erkennen. Platons Demiurg käme dann jener Paradoxie des biblischen Gottes nahe, der zufolge aus dem Zeitlosen die Zeit entsteht, wobei der Gott sich in den sechs »Tagen« der Schöpfung auf die Geschichte des Menschen in der Welt einlässt; das Nicht-Geschaffene erschafft so das Erschaffene. Aus dem Chaos der vier Elemente des Empedokles lässt der *Timaios* eine aus den zeitlosen Ideen abgeleitete Ordnung entstehen, und so erschafft in der *Torà* der zeitlose Gott die zeitgebundene Schöpfung. Der »Vater« ordnet das, womit die *kore*, das chaotisch-zeugende Prinzip der »Mutter«, schwanger geht. All dies ist ineinander verwoben in der babylonischen Theologie des *Enuma elish*, der monotheistischen *Genesis* und dem philosophischen Mythos des *Timaios*. Es sind unterschiedliche Ausprägungen der Erkenntnisfrage nach dem Sein der Welt und dem Dasein in der Welt. Wie gestaltet sich die Beziehung zwischen dem Ganzen und den Teilen, dass das Viele zum Ganzen wird und das Eine sich ins Viele auslegt? Wie verbindet sich das Sein mit dem Werden, wie entsteht Werden aus dem Sein? Dies sind die Schlüsselfragen jedes Erkenntnisverlangens, sei dieses philosophisch oder religiös. Sie bilden den gemeinsamen Grund einer *koiné*, einer geistlichen und geistigen Gemeinschaft zwischen dem Mittelmeer und dem Zweistromland und darüber hinaus, mit wechselseitigen Einflüssen und Konflikten. Verhandelt werden Fragen, auf die es keine klaren Antworten gibt und die sich begrifflicher Fixierung entziehen. Es geht um Darstellungen und Erzählungen, die der menschlichen Erfahrung und Einbildungskraft entspringen und in denen das Greifbare zur Metapher des Metaphysischen wird, und umgekehrt.

Die *polis* ist die konkrete Erfahrung der Beziehung zwischen dem Einen und dem Vielen, und analog hierzu versammelt die *Torà* die Zerstreuten in einem einheitlichen Volk. In der menschlichen Erfahrung von *polis* und *torà* vermitteln sich Einheit und Vielheit mit Blick auf das Ganze. Das irdische Jerusalem ist der Spiegel des himmlischen, und vice versa. Aber diese Nähe der menschlichen Erfindungen ähnelt jener zwischen Brüdern, die in Konkurrenz zueinander sich gegenüberstehen, jeder hält sich für den wahren Jakob und sieht im anderen den Esau.

Die Unterscheidung zwischen Ewigem und Zeitlichem ist ein zentrales Thema im *Timaios*: Nachdem der nicht-erschaffene Schöpfer die Zeit erschuf, gibt es dank der Erschaffung des Himmels durch den Demiurgen die Gestirne, an deren Bewegung wir die Zeit messen. Analog hierzu lehrt die *Genesis*, dass des *Elohim* Schöpfungswerk des Ersten Tages Himmel, Erde und Zeit entstehen lässt. Analog hierzu lässt die Astrophysik die Zeit mit dem Urknall entstehen, und es tritt damit der zweite Hauptsatz der Thermodynamik in Kraft. Alle drei, *Timaios*, *Genesis* und die Astrophysik, binden die Zeit an die Entstehung des wahrnehmbaren Universums.

Im *Timaio*s heißt es (37d, 38a):

> Als nun der Vater das Weltganze in Bewegung und von Leben durchdrungen sah [...] ergötzte es ihn (in der *Genesis*: »und Gott sah, daß es gut war«), und erfreut sann er darauf, seinem Urbilde [der ewigen Ideen] es noch ähnlicher zu gestalten. ... so sann er darauf, ein bewegliches Bild der Unvergänglichkeit zu gestalten [...] und machte dasjenige, dem wir den Namen Zeit beigelegt haben, zu einem in Zahlen fortschreitenden unvergänglichen Bilde. [...] Denn wir sagen doch: Es war, ist und wird sein; der richtigen Ausdrucksweise zufolge kommt aber nur [dem Ewigen] das »ist« zu, das »war« und »wird sein« zu sagen, ziemt sich dagegen nur von dem in der Zeit fortschreitenden Werden.

Sprechen wir von »Ewigkeit«, so denken wir an einen unendlichen Zeitverlauf, wie es die Zahlenreihen sind, ein unbegrenzter Übergang von der Vergangenheit zur Zukunft, wohingegen die Ewigkeit »ist«, ein Augenblick, eine Gleichzeitigkeit, eine unendliche Gegenwart außerhalb der Zeit. Die gezählte Zeit der Stunden, Tage, Jahre, wie Zahlen-unendlich wir sie auch denken, gibt lediglich ein Bewegungsbild der Zeit.

Wenden wir uns nun dem biblischen Wort *'aphar*, »Staub«, zu, das eine doppeldeutige Metapher ist. Es spielt auf die Zeit an, und zwar in der Bedeutung von sowohl Endlichkeit als auch dem Gegenteil, der Unendlichkeit. Nach dem Essen der verbotenen Frucht sagt Gott zu Adam: Aus Staub (*'aphar*) bist du gemacht, zu Staub sollst du werden. Der Sinn der Aussage scheint klar: Sie spielt auf den Tod an, auf die Rückverwandlung des Körpers in Erde, *mater materia*. Aber in *Genesis* 28,14 hat *'aphar* die entgegengesetzte Bedeutung. In Jacobs Vision spricht Gott zu ihm von der Höhe der Himmelsleiter:

> Und dein Geschlecht soll werden wie der Staub auf Erden, und du sollst ausgebreitet werden gegen Westen und Osten, Norden und Süden, und durch dich und deine Nachkommen sollen alle Geschlechter auf Erden gesegnet werden.

Hier spielt »Staub« nicht auf den Tod an, sondern liefert das konkrete Abbild der Ewigkeit (wie es im *Timaios* heißt) im Versprechen zukünftiger, unzähliger Generationen.

Möglicherweise besteht zwischen dem hebräischen *'aphar* und dem griechischen *apeiron*, dem »Unendlichen«, eine Verwandtschaft, vielleicht ein gemeinsames Etymon: unendlich wie der Staub, wie die unzähligen Generationen, die Gott denen verspricht, die auf ihn vertrauen. Oder wie auch Gott selbst, das *En Sof*, das »ohne Ende«, die Bezeichnung der hebräischen Kabbalah für das raumzeitlich unbegrenzte Göttliche. So wäre das *'aphar* nicht nur der Hinweis auf die Sterblichkeit des Menschen, sondern auch in ihm die Spiegelung des Göttlichen.

Den elementaren Dualismus des Seins – von Geschaffenem und Ungeschaffenem, von Zeitlichem und Zeitlosem, von Unbegrenztem und Begrenztem – und das schwierige Problem, die Interaktionen dieser drei Bereiche, die verschiedenartig und konträr gedeutet werden, zu begreifen, ist die Grundfrage der Weltdeutungen, der Philosophie wie der Religion. Das gilt insbesondere für den *Timaios*. In der *Torà* begegnet sie uns in konzentrierter Form (in Ex 3,14), wenn dort die göttliche Stimme aus dem brennenden Dornbusch zu Mose sagt: *Sé ehijé asher ehijé*, »Ich werde sein, der ich sein werde«. Es ist eine unbestimmte Aussage, die zu einem Doppelsinn führt: als transzendente ebenso wie als immanente

Aussage. Im Sinne der Transzendenz wäre die Bedeutung: Ich bin die einzige Wesenheit, die in sich selbst ruht, die einzig mögliche Tautologie, ohne Wandel, das mit sich identische Selbst, und damit zeitlos und zeitenthoben. Als Aussage der Immanenz hingegen (und so deutet es Raschi, dem *Babylonischen Talmud* folgend, in *Berachot* 9b): »Ich lebe in der Zeit, und ich werde in allen euren Lebenslagen bei euch sein.« Diese Deutung entspricht der Art, wie die göttliche Stimme den Dekalog einleitet: »Ich bin der Herr, euer Gott, der euch aus der Knechtschaft in Ägypten geführt hat.« Gott ist in der Geschichte anwesend. Es ist das *'Immanu-El*, »Gott mit uns«, die messianische Figur Emmanuel bei Jesaja (Jes 7,14; 8,8), die Matthäus (1,23) zitiert, um Christus zu benennen.

Vor allem seit dem 15. Jahrhundert wird in den bildlichen Darstellungen der Verkündigung Maria so dargestellt, dass der Engel sie von der Lektüre eines Buches ablenkt: Es ist der Text des Jesaja. Der Engel und das Buch verkünden die gleiche Botschaft, das Buch als prophetische Vorhersage, der Engel als mündliche Verkündigung. Und so wie sich das eine aus dem anderen ergibt, wird aus dem »Ich werde mit euch sein« des Dornbuschs und dem Emmanuel des Jesaja schließlich die zugespitzte Idee eines Menschengestalt annehmenden Gottes, Jesus. Zwischen dem 3. und 4. Jahrhundert haben Origenes und Gregor von Nyssa im alexandrinischen Christentum das philosophische Schlüsselproblem der Vermittlung zwischen absoluter Transzendenz und weltlicher Immanenz Gottes (das ich hier auf den brennenden Dornbusch zurückgeführt habe) an der Figur des Jesus festgemacht.

»Ich werde der sein, der ich sein werde«

Arnold Schönberg gibt in seinem *Moses und Aron* dem Chor die Stimme des *Elohim*, der aus dem Dornbusch spricht. Es ist Schönbergs Deutung. *Elohim* ist eine Pluralform, bezeichnet den einen Gott, verweist auf dessen unterschiedliche Weisen, sich den Geschöpfen mitzuteilen, aber die Verben, die seine Handlungen benennen, stehen im Singular, gemäß seiner Einzigkeit: »[Die] *Elohim* [Götter] *hat* gesagt …« In *Exodus* 3,15 stellt sich *Elohim* dem Mose mit den Worten vor: »[Ich], der Gott eurer Väter, der Gott Abrahams, der Gott Isaaks, der Gott Jakobs«. Weshalb diese Wiederholung, wo es doch an anderer Stelle nur heißt: »der Gott Abrahams, Isaaks, Jakobs«? Den Kommentaren zufolge soll damit zum Ausdruck gebracht werden, dass jeder eine eigene Vision des Einen Gottes habe. Abraham nehme Gott auf andere Weise wahr als Isaak, und das gelte auch für Jakob. Auf »Seine Art« (*mitsidò* auf Hebräisch), d. h. in seinem unergründlichen Wesen, sei Gott einzig und in sich eins; »für uns« (*mitsidenu*) erscheine er unter verschiedenen Aspekten, je nachdem, wie man ihn in Geist und Tat zu erfahren und zu deuten vermöge. Das *ehijé asher ehijé* (Ex 3,14) aus dem Dornbusch erscheint im Futur: »Ich werde der sein, der ich sein werde.« Im Lichte des folgenden Verses (Ex 3,15) und des *mitsidenu* (»für uns«) gesehen, kann gefolgert werden: »Ich werde der sein, den du aus mir machst.«

Deutet man es so, dann kann der Gottesbegriff sich vom partikularen Gott des Stammes und Volkes entwickeln hin zum universalen Gott aller Völker: *Adonai tzevaoth*, »Herr der Heere«, der Ethnien und Nationen, zum »Herrn der himmlischen Heerscharen«, der Vielzahl der Lebenden im Universum.

In Psalm 62 lesen wir: »Eines hat Gott geredet, ein Zweifaches habe ich gehört.« (62,12) Eines ist das Wort Gottes, das andere ist das Menschenwort, beides bezeugt sich gegenseitig. Weiter heißt es an dieser Stelle (62,12f.): »Gott allein ist mächtig, und du, Herr, bist gnädig; denn du vergiltst einem jeden, wie er's verdient hat.« Ich möchte die folgende Deutung dieser Zeilen vorschlagen: Der Eine Gott verkündet die Eine Wahrheit, der in der Welt lebende Mensch jedoch legt sie in unterschiedlicher Weise aus; hier im Text geht es um *Macht* und um Mitleid und *Gnade*. Gnädig zu sein in Geist und Tat setzt Macht voraus, denn nur dank ihrer kann die Fürsorge wirken. Der Mensch verlangt nach einer Macht, der er sich anvertrauen kann, die ihn schützt und ihm ein langes Leben beschert. So stehen die Attribute Macht und Gnade, in die wir das von oben kommende Eine Wort verdoppeln, in Wirklichkeit für unseren Wunsch nach einem langen Leben. Und diesen Wunsch projizieren wir auf den Himmel, um ihn zu bekräftigen und zu rechtfertigen. Unsere Gebete und unsere Opfergaben folgen einer Bewegung von unten nach oben; sie sind menschliche Projektionen und darin wahrhaftiger als ihre Umdeutung in das zu den Menschen gesandte Gotteswort. Im *Zohar*, dem kabbalistischen Text, der sich eher kritisch als affirmativ mit den religiösen Thesen auseinandersetzt, heißt es:

> Denn von unten muß der Anfangsimpuls kommen, um die Kraft von oben zu bewegen. Nur dann gibt es Wolken, wenn zuvor Wasserdampf aufsteigt. Ebenso steigen die Opfergerüche hinauf, vereinen harmonisch das Ganze und vollenden damit die himmlischen Sphären. Die Bewegung muß von unten ausgehen [...] Es ist das irdische Verlangen, das die Vollkommenheit ins Jenseits trägt.

Zu Beginn der Zehn Gebote (Ex 20,1) steht geschrieben: »*Elohim* sprach alle diese Worte und sagte.« Raschi deutet das »alle diese Worte« so, dass der Ewige den ganzen Dekalog in einem einzigen Atemzug ausgesagt habe. Mose nimmt es als die Zehn Gebote wahr. In diesem Sinne heißt es auch: »Ein Wort hat er gesagt, zwei habe ich gehört.« Gottes Wort gliedert sich, um Menschenwort zu werden.

Demgemäß sind die Zehn Gebote nicht Gotteswort, sondern seine Umsetzung in die menschliche Sprache, in der das Eine zum Vielen wird und historisch bestimmte Gestalt annimmt. *Elohim* spricht in seiner Eigenschaft als Gesetzgeber und Richter. Tatsächlich ist die Bibel ein großes Gesetzbuch, das die Bildung eines Volkes und einer Kultur zum Gegenstand hat, und diesen Geist atmen die »Zehn Gebote« (Ex 20, 2–17; Dtn 5,6–21). Im Unterschied zu mancher Lehrmeinung sind diese Gebote nicht universal und richten sich nicht an jeden und jede, sondern ausdrücklich an einen Mann (»Du sollst nicht begehren deines Nächsten Haus. Du sollst nicht begehren deines Nächsten Weib«), der erwachsen ist (»Du sollst deinen Vater und deine Mutter ehren«) und über Eigentum verfügt (dein Knecht, deine Magd, dein Vieh sollen die Sabbatruhe achten). Der Adressat ist also ein Mann mit sozialer Autorität. Die Gebote begrenzen seine Macht. Sie geben ihm den Pflichtenkatalog des Patriarchats, eine Begrenzung seiner Willkür, und sind als solche ein historisch bedingtes Dokument. Was folgt daraus als universale und weiterhin gültige Botschaft? Es folgt daraus die Idee, dass jede Macht, sei sie zwischenmenschlich, politisch oder ökonomisch, begrenzt werden muss. Nur so entgeht sie der Willkür und bleibt verantwortbar. Was vermag der Macht Grenzen zu setzen? Es bedarf einer Gegenmacht. Eine moralische Kritik von Macht überhaupt wirkt nicht, denn Leben und Handeln sind stets auf

Macht angewiesen. Im Zwischenmenschlichen gilt dies für Mann und Frau; im Politischen ist es der Grundsatz der Demokratie. Montesquieus *Esprit des lois* führt klar aus, dass die Bürgerfreiheit nur dort garantiert ist, wo die Exekutive, die Legislative und die Judikative getrennt sind und nicht, wie im Absolutismus, in einer Hand liegen, sodass sie sich gegenseitig begrenzen durch Machtkontrolle und -kritik.

Zur Idee der Grenze gibt Dante treffende Auskunft, wenn er Adam bezüglich der Sünde im Paradies sagen lässt:

> O du, mein Sohn, nicht war, vom Baum zu kosten,
> der Grund so schrecklicher Verdammnis,
> vielmehr allein die Übertretung des Gebots.
> (Par. XXVI, 115–117)

Adam und Evas Sünde betrifft nicht die Frucht, das Geschlecht, das Wissen. Sie liegt allein in der »Übertretung des Gebots«, in der Missachtung der Grenze. Das Gleiche gilt für Odysseus, der im Gesang 26 des *Inferno* für seine List bei der Eroberung Trojas büßt, und es gilt dann auch im *Purgatorio*, und gewiss nicht zufällig ebenfalls im Gesang 26, für die Wollüstigen, die Menschenmaß missachten, wenn sie »wie Tiere ihren Trieben folgen« (Vers 84).

Kausalität

Gott ist eine als Antwort verkleidete Frage. Wenn es um ihn aus *induktiver* Perspektive geht, ist er ein Fluchtpunkt, im Unendlichen und Unbestimmten. Hier konvergieren Theismus und Atheismus und gehen ineinander auf. Auf diesem endlosen Weg richten wir uns in Zwischenräumen ein und lassen den Distanznebel außer Acht, der für unsere Kräfte und Verstrickungen zu groß ist. Unser Dasein ist nur dann überlebensfähig, wenn wir unlösbare Fragen übergehen. Wer sich überhaupt mit der Gottesfrage beschäftigen will, für den bleibt sie ein Problem, das nicht lösbar ist. Wenn hingegen auf die Frage nach dem Grund und der Beschaffenheit der Welt Gott als die Antwort erscheint, dann wird aus dieser Aussage ein Axiom, aus dem *deduktiv* das Sein und der Sinn alles Bestehenden abgeleitet wird. Ein Axiom gilt als in sich bestätigt, es ist kein Fluchtpunkt, sondern ein Ausgangspunkt, der konsistent ist und als Projektionsfläche unserer Vorstellungen dient.

Jede Einzelheit verharrt im Ganzen, und alles ist im Ganzen miteinander verbunden. In jeder bedingten Einzelheit verengt sich das Ganze, eine Verknotung aller möglichen Bezüge. Jedes Einzelne ist das Ergebnis unzähliger Gründe. Und von jedem als Grund hypostasierten Knoten fächern sich unzählig-unendliche Wirkungen auf. Wir neigen dazu, den Sachverhalt zu vereinfachen und einen linearen Ursache-Wirkung-Zusammenhang anzunehmen. Man sprach von *ceteris paribus* und meinte, »dass jede andere Interferenz ausgeschlossen sei«. Ich halte dies für eine Projektion, die wir als Handlungssubjekte vornehmen und uns dabei für die lebendige Ursache einer bestimmten, gewollten Wirkung halten. Wollen wir z. B. eine toskanische Zigarre anzünden, so nehmen wir die Anzündung als Wirkung unseres unmittelbar erfolgreichen Handelns. Die Illusion einer linearen Beziehung zwischen Ursache und Wirkung entspringt unserer Handlungsweise, eine Art Animismus, eine Willenshandlung um einer bestimmten Wirkung willen, als ob eine »Intention« geradlinig zu einer Wirkung führe.

Parmenides deutet die Welt und überhaupt alles Seiende als sich ewig gleichbleibend, ohne Zeit, denn das Vergehen der Zeit sei eine Illusion der Sinne, von Leben und Tod. Im Unterschied hierzu folgen wir Wittgenstein, für den die Zeit die substantielle Voraussetzung bildet für das Verständnis all dessen, was in der Welt geschieht. Einsteins Konzept der Raum-Zeit, das seinerseits die Zeit als Substanz begreift, entspricht der Definition Wittgensteins. Rovelli zufolge besteht ein unumkehrbarer Zeitpfeil, der, gemäß dem Zweiten Hauptsatz der Thermodynamik, die irreversible Zunahme der Entropie, die Tendenz des Rückgangs der Molekularbewegungen als Wärmeverlust bedeutet: von der unvorstellbaren Hitze der Ursprungsexplosion hin zum interstellaren Eis. Es ist eine unumkehrbare Entwicklung, auch wenn Milliarden und Abermilliarden Feuer, Sterne, Galaxien als Erinnerungen an das Ursprungsereignis auf ihrem Wege liegen. Bis dahin betrachten die Galaxien in jener Eiseskälte ihre Zukunft und ihren Tod. Vom Anfangsstaub zum Gerinnen in Sternen und zurück zum Staub als Entropie-Tod: von Staub zu Staub, *pulvis es et in pulverem reverteris*. Wenn Wittgensteins »Der Fall-Sein« ein Fallen ist, ein Hinabfallen aus dem Anfang der Zeit, dann ist die Verfasstheit des Universums »Geworfenheit« (Heideggers *»da-sein«*). Der Urknall ist die Geworfenheit des Universums, unter der Annahme, dass er der Anfang der Zeit ist und dass alles, was der Fall ist, von dort hinabsteigt und fällt.

Für das Fallen genügt es, passiv zu sein, das Hinaufsteigen verlangt Anstrengung. Sich auf die eigenen Füße zu stellen ist der erste heroische Akt des Kleinkinds, sein Überschreiten des Animalischen hin zum Humanen. Es ist unsere normale Erfahrung des Gesetzes der Schwerkraft, die unser gesamtes Verhalten bedingt und zugleich unsere symbolischen und sprachlichen Verfahren bestimmt: Das Oben und das Unten sind mit Wertung beladene Worte. »Oben zu stehen« symbolisiert Macht und Tatkraft, »niedrig zu bleiben« hingegen die Unterordnung. In diesem

Sinne sprechen wir davon, dass die Wirkung von der Ursache *abhängt* (da sie sich, quasi passiv, aus jener ergibt) und man von der Ursache zur Wirkung *hinaufgeht* (diese aktiv hervorbringend). Im Italienischen wird die Kausalrelation als ein Hinab- und Hinaufsteigen metaphorisiert, vergleichbar mit der Leiter, auf der sich in der Vision Jakobs die Engel hin zu Gott bewegen. So gelangt das vernunftgeleitete Denken mit seiner kausalen Logik bei seiner Suche nach dem Urgrund aller Gründe zum Gott der logischen Folgerungen, dem unbewegten Beweger des Aristoteles.

Indes stößt diese Kausallogik, wird sie auf die Spitze getrieben, auf ein Hindernis, das Bertrand Russell im Gleichnis des Barbiers veranschaulicht.

In einem Dorf gibt es einen Barbier, der all jenen den Bart schneidet, die sich nicht selbst rasieren. Wenn nun der Barbier all jene rasiert, die sich nicht selbst den Bart schneiden, wer schneidet den Bart des Barbiers? Gehört der Barbier zur Gruppe jener, die sich nicht selbst rasieren und sich mithin vom Barbier rasieren lassen, der er selbst ist? Er rasiert sich also. Also gehört er zu jenen, die sich rasieren und nicht zum Barbier gehen. Also rasiert er sich selbst und gehört zugleich zu jenen, die sich rasieren lassen.

Die Kausallogik endet also in einer Inkohärenz, ist deshalb unvollständig. Es bedarf eines anderen Axioms außerhalb ihrer Geltung, das auch dem Fall des Barbiers gerecht wird.

Was hat das Paradox des *einzigen* Barbiers im Dorf mit dem *einzigen* Gott zu tun, wenn man auch ihn, und zwar als Urgrund allen Geschehens, an die Kausalkette knüpft? Im Kausalnexus ist Gott die Ursache all dessen, das aus sich selbst heraus nicht existieren könnte. Aber was verursacht die Existenz Gottes? Wenn es Ihn bereits gibt, dann gehört Er zur Gesamtheit alles bereits Existierenden. Er erschafft also nicht alles Bestehende, da Er nicht auch sich selbst erschafft, selbst wenn man davon ausgeht, dass Er existiert; oder aber Er muss sich selbst erschaffen, und dann gehörte Er zur Welt des Erschaffenen gemäß seinem eigenen Werk. Gott, der Ungeschaffene, wäre somit Selbstschöpfer – und der Sinn suchende Glaube müsste sich mit Un-Sinn zufriedengeben. Die Logik indes ist nicht das Geschäft des Glaubens, bei ihm geht es um Sehnsüchte.

Aus alldem kann nichts zur Gottesfrage geschlussfolgert werden; es zeigt sich nur, dass der Versuch, sie in den einfachsten philosophischen Kontext des Kausalnexus zu bringen, zu Inkohärenzen führt.

Die Existenz Gottes ist ein Axiom außerhalb der Welt der begründenden Vernunft.

Zu Gödels »Unvollständigkeitssatz«, den er 1931 veröffentlichte, habe ich keinen Zugang. Logiker und Mathematiker sagen, dass er von fundamentaler Bedeutung sei, und ich kann ihnen nur Glauben schenken. Wenn ich es richtig verstehe, besagt der Lehrsatz, dass Verknüpfungen, die eine Gesamtheit bilden (wie in Russells Geschichte vom Barbier) und von einem Axiom abgeleitet werden, das deren Kohärenz postuliert, in den Grenzbereich der Inkohärenz führen. Von hier aus die folgende Frage: Welches Element begründet, rettet und sichert *von außerhalb* das System, um so die Aporien zu überwinden, die es unvollständig und sich selbst nicht genügend machen? Welche sind diese Aporien, die die kohärente und vollständige Ableitbarkeit des Systems von dem es bestimmenden Axiom unmöglich machen? Wo die Ausnahme die Regel nicht bestätigt, sondern seine die Wirklichkeit der Welt umspannende Geltung außer Kraft gesetzt wird? Das Axiom, das von außen die Inkohärenzen der Deutungen des Universums bereinigt, könnte man »Gott« nennen.

Von Anselm von Canterbury über Descartes bis zu Gödel haben große Geister die Existenz Gottes auf der Grundlage des Axioms »Gott ist das vollkommenste Wesen« zu begründen versucht. Diese Definition Gottes gehört zur kirchlichen Lehrmeinung und führt sogleich zu dem Problem, wie »Vollkommenheit« zu definieren ist. Akzeptiert man, dass das Axiom in sich unbestimmt bleibt, so kann man gleichwohl ein vollkommenstes Wesen imaginieren (also auch über das Definitionsproblem von »Vollkommenheit« hinwegsehen); und wenn damit (willkürlich) seine Existenz als Vollkommenheit gesetzt wird, so lässt sich folgern, dass Gott, gemäß menschlicher Sprache und Logik, die zu seiner Begründung eingesetzt werden, existiert.

Wird Gott von außerhalb der Welt hypostasiert, so lässt sich seine Position als die des »Zeugen« metaphorisieren und so ein Statut der Objektivität aufstellen aufgrund der Außenperspektive. Rechtlich und auch epistemologisch ist die Zeugenschaft Gottes dadurch bestimmt, dass er nicht als Urheber oder als Produkt des Weltsystems, sondern als äußerer Betrachter figuriert.

Als Zeuge ist Gott berufen, die Existenz und den Sinn der Welt zu bestätigen. Umgekehrt bezeugt die Welt Gott als Beleg seines Seins, seiner Möglichkeit, seiner Setzung.

Aber Zeugenschaft ist zwiefach: *unus testis, testis nullus*.

Einerseits Gott, andererseits der Mensch, beide bezeugen sie die Welt. Gott bezeugt die Welt, insofern er selbst seine Schöpfung betrachtet – »Und Gott sah alles, was er gemacht hatte, und siehe, es war sehr gut« (Gen 1,31) – oder insofern er sie rechtfertigt. Der Mensch bezeugt sie, insofern er sie erfährt, erforscht und erkennt, dies alles benennt und in ihr tätig ist.

Inkarnation

Jenseits der Kausalkette, nachdem die Fesseln des Kausalnexus gesprengt sind, tritt die Gottesfrage wieder in den Raum. Und es ist der Raum der Empfindungen, der Sehnsüchte und Ängste der Menschen. Es öffnet sich das Fenster zum Himmelsgewölbe, in dem sich, wie in Dantes Bild, die Menschheit spiegelt:

> [Oh ew'ges Licht] Im seinem Innern, seiner Farbe
> Bemalt mit unserm eignen Ebenbild
> Ruhte einzig nur auf ihm mein Blick.
> (Par. XXXIII, 130–132)

Das Erscheinen unseres Ebenbildes im göttlichen Licht wird bei Dante durch den fleischgewordenen Christus vermittelt. »Wer mich sieht, der sieht den Vater.« (Joh 14,9) Von daher ist Jesus das Paradigma des Menschlichen, als Bild und Abkunft des Vaters, wie Adam, aber in umgekehrter Bedeutung: Durch Adam kam die Sünde in die Welt, Jesus ist gekommen, um die Welt von ihr zu befreien. Aber diese Offenbarung des Göttlichen in Menschengestalt gehört zu allen Religionen, die seit Urzeiten das Göttliche in Menschen- oder Tiergestalt vergegenwärtigen (in Ägypten, Griechenland und Indien ebenso wie in den Kulturen Afrikas und Amerikas). Diese uralte Idee gipfelte in der Christus-Inkarnation als Rückkehr des Göttlichen vom Himmel zur Erde in Menschengestalt.

Der Zauber der Christusgestalt und der Erfolg des Christentums rührte daher, sich als etwas Neues zu präsentieren, das gleichwohl Erinnerungen an antike Mythen in sich aufnahm, die man sich an den Ufern des Mittelmeers, des Nil und des Euphrat erzählte; eine Neuigkeit, die verdrängte Erinnerungen und Erwartungen an einst mit Liebesängsten und -hoffnungen belegte Begegnungen des Menschlichen mit dem Göttlichen belebte. Die seelische Erfahrung ähnelte jener des frisch Verliebten, der in der sehnsüchtig geliebten Person diejenige zu entdecken und wiederzuerkennen glaubt, die schon immer für ihn bestimmt war und derer er sich bewusst wird als mehr geahnte denn gewusste Offenbarung und Erfüllung.

Dieses fruchtbare Fortwirken des Vergangenen bringt sowohl Platon mit seiner Erinnerung an die Ideenwelt zur Sprache als auch die biblischen Propheten mit der Verkündigung einer Zukunft, die sie aus dem Ursprungsversprechen Gottes ableiten. So heißt es in Dtn 4,15–20:

> So hütet euch nun wohl – denn ihr habt keine Gestalt gesehen an dem Tage, da der Herr mit euch redete aus dem Feuer auf dem Berge Horeb – dass ihr euch nicht versündigt und euch irgendein Bildnis macht, das gleich sei einem Mann oder Weib, einem Tier auf dem Land oder Vogel unter dem Himmel, dem Gewürm auf der Erde oder einem Fisch im Wasser unter der Erde. Hebe auch nicht deine Augen auf gen Himmel, dass du die Sonne sehest und den Mond und die Sterne, das ganze Heer des Himmels und fallest ab und betest sie an und dienest ihnen. Denn der Herr, dein Gott, hat sie zugewiesen allen andern Völkern unter dem ganzen Himmel; euch aber hat der Herr angenommen und aus dem glühenden Ofen, nämlich aus Ägypten, geführt, dass ihr das Volk sein sollt, das allein ihm gehört, wie ihr es jetzt seid.

Die hebräischen Autoren des *Deuteronomium* bekräftigten, dass Gott sich nicht mit seinem Werk identifiziere, und wiesen auf dieses unter den Völkern verbreitete Missverständnis hin. Die »Schöpfung« sei ein Zeichen, eine Spur Gottes, aber nicht Er selbst. Gott schaffe Ereignisse und Tatsachen, aber er sei in diesen nicht anwesend. In ihnen hinterlasse er seinen Fingerabdruck, und das ist das Maximum an »Inkarnation«, das sie zugestehen. Die Idee der göttlichen Fleischwerdung in Christus geht darüber hinaus, oder besser: geht dahinter zurück. Das Kreatürliche zu vergöttlichen ist eine Rückkehr zu dem, was das

Deuteronomium der Geisteshaltung der anderen Völker zuschreibt. Diese erkennen in der Christus-Inkarnation etwas Vertrautes und wenden sich daher dem Christentum zu.

Die Idee der Inkarnation erschien allerdings den Christen selbst als etwas so Gewagtes, dass sie darüber erschraken und es behutsam mit Vorbehalten umgaben. Die Nestorianer, die es für möglich hielten, dass Christus in seiner menschlichen Natur sündigt, wurden von jenen verbannt, die dies als unmöglich ansahen und ihm diese durchaus menschliche Neigung absprachen – und damit auch die Tugend, jeder Versuchung zu widerstehen. Jesus hingegen handelt so, wenn er, des Satans Versuchung ausgesetzt, ihr nicht erliegt (Mt 4; Lk 4,1–15). Später wurde die Jungfrauengeburt Jesu behauptet, auch dies ein Widerspruch gegen die menschliche Natur. Der Apostel Paulus hatte das Gegenteil ausgesagt, indem er Jesus geboren sein lässt »aus dem Geschlecht Davids nach dem Fleisch [mithin als Sohn des Joseph] und nach dem Geist, der da heiligt, eingesetzt als Sohn Gottes« (Röm 1,3f.). Maria ließ man mit Körper und Geist gen Himmel fahren und erklärte sie ihrerseits zur Frucht unbefleckter Empfängnis und damit frei von Erbsünde, die ansonsten jedem Menschen von Generation zu Generation anhafte. Nur Jesu blutiger Tod am Kreuz und der Schmerz seiner Mutter sind uneingeschränkt menschlich und prägen sich dem Geist ein durch ihr Pathos.

Alle Abweichungen von den menschlichen Lebensbedingungen bei Jesus und Maria schränken die Radikalität der Inkarnationsidee ein und weichen ins Mythische aus. Dort nämlich gibt es mancherlei menschliche Bräute der Gottheit, Halbgötter werden geboren und Götter sterben mit anschließender Wiederauferstehung. Die Erinnerung an solche Erzählungen, jahrhundertelang in der Vorstellungswelt bewahrt, befruchten die religiöse Phantasie, die auf sie zurückgreift und sie ins neue Geschehen hineinwebt. Derlei logische und theologische Inkohärenzen stören nicht, denn vom Kindesalter an besteht das Verlangen, sich vertrauensvoll dem Glauben hinzugeben. Die Kindheit vermag nur sich selbst und die eigenen Bedürfnisse zu artikulieren; und diese Artikulation impliziert intuitiv, dass Hoffnung und Vertrauen auf jene Instanz projiziert wird, die Rettung vor Not und Tod verspricht. So ist der Mensch geprägt. Instinktgeleitetes Vertrauen und Glauben sind mächtiger als eine Vernunft, die ihre Erkenntnisse aus Zweifel und Beweisen ableitet.

Der Primat des Glaubens gehört ursprünglicher zum Leben als das Wissen. Auch die Wissenschaft ist eine Form des Glaubens (wenn auch unter dem stirnrunzelnden Blick der Vernunft), nur dass ihre Ergebnisse nicht durch emotionale Behauptungen, sondern durch Experiment und Beweis zustande kommen.

Das Unbestimmte

Wir wenden uns jetzt folgender Aussage zu: »Diese Behauptung lässt sich nicht beweisen.« Ist sie wahr, so ist die Behauptung unbeweisbar, so wie es die Aussage wahrheitsgemäß behauptet. Sie sagt also eine Wahrheit, allerdings ohne die Gewähr eines logischen oder experimentellen Beweises. Ist die Aussage falsch, lässt sich also die Behauptung als wahr beweisen, so ergibt sich die Verlegenheit, etwas als wahr zu beweisen gegen falsche Behauptung. Das verstieße dann nicht gegen die Deontologie der beweisführenden Vernunft, sondern nur gegen eine Spitzfindigkeit oder eine Vermutung. Im Falle der Wahrhaftigkeit der Aussage gerät der Vernunftgläubige in Verlegenheit, da er zugeben muss, dass unbeweisbare Aussagen wahr sein können. Das führt uns erneut zur Gottesidee.

»Phänomenologisch« befinden wir uns in der Situation, als menschliches Subjekt die Welt zu erkunden und dabei uns selbst dergestalt zu erkennen, dass wir sowohl Teil der Welt sind als auch, durch unser Handeln, sie in ihren natürlichen Bedingungen allererst hervorbringen. Wenn Gott als »vollkommenstes Wesen« nicht bewiesen werden kann, so lässt sich logisch über die Existenz Gottes nichts aussagen. So bleibt nur der Glaube als menschliche Erfahrung einer Idee und eines Gefühls. Die Glaubensakte beziehen sich auf das Göttliche, sind aber menschliches Handeln. Für den Gläubigen stellt sich jedoch der Sachverhalt genau umgekehrt dar: Für ihn ist Gott das handelnde Subjekt, das, zur Erde hinabsteigend, den Menschen aus Gnade zu sich ruft, sodass die Glaubenserfahrung die Wirkung des göttlichen Handelns ist. Das Transzendenzverlangen und die Jenseitssehnsucht des menschlichen Geistes werden also durch den Glauben zur göttlichen Sendung uminterpretiert.

Gehen wir einmal davon aus, dass Gott ein Mysterium ist. Damit gewinnen wir keine Definition. Wir stellen nur fest, dass wir kein Wissen über ihn und in diesem Sinne keinen Zugang zu ihm haben. Der Glaube an das Mysterium bestätigt unser Unwissen. Es handelt sich um ein unauflösliches Unwissen und nicht um ein solches, das durch Forschung aufgelöst werden könnte. Es geht um die Frage des allumfassenden Sinns – eine Frage, die den menschlichen Geist bewegt bei der Suche nach Urgrund und Zweck des Seins und auf die es keine Antwort gibt. Eine andere Unwissenheit ist jene, die derzeit die Quantenphysik bewegt, wenn festgestellt wird, dass man entweder den Impuls eines Elementarteilchens oder seine Position berechnen kann, aber nicht beides zugleich. So bewegt sich Wissen-Unwissen wie das Hin und Her einer Welle am Ozeanstrand der Physik.

Die Quantenmechanik (ich spreche von ihr assoziativ, nicht als Fachmann) hat auf die Wissenschaft etwas übertragen, was lange Zeit der Theologie und den Weisheitslehren eignete: die Entdeckung der Unmöglichkeit, durch Forschung den Phänomenen bis auf den Grund zu gehen. Im Erkenntnisakt interferieren Subjekt und Objekt der Erkenntnis; die klare Trennung zwischen dem Sehen und dem, was gesehen wird, verflüchtigt sich, denn beide Seiten sind Teile in einem gemeinsamen Vorgang. Das Photon in der elektromagnetischen Strahlung erlaubt uns, das Elektron zu »sehen«, und zugleich wird dieses vom Photon verschoben, sodass wir seinen Ort nicht mehr bestimmen können. Jedes Ereignis ist nur die Spur eines anderen Ereignisses. An die Stelle der sicheren Regeln und des Determinismus der klassischen Physik sind Wahrscheinlichkeit und Unbestimmtheit getreten. Der Ursache-Wirkung-Nexus beschreibt nicht mehr eine Tatsache, sondern eine Vermutung oder Möglichkeit. Zwar hat die Quantenmechanik außerordentlich zur menschlichen Beherrschung von Wirklichkeit beigetragen; aber zugleich hat sie auch deutlich gemacht, dass diese Beherrschung unvollständig bleibt und sich im Unbestimmten auflöst. Wir können Wirkungen der Quantensubstanz der Natur berechnen, obwohl diese Substanz unbestimmbar bleibt. Unser Alltagsleben wird in zunehmendem Maße von den Möglichkeiten der Quantenphysik beeinflusst; aber sie hat weniger als die klassische Physik mit dem gesunden Menschenverstand zu tun. Mentalitätsgeschichtlich erinnert die Situation an das magische Bewusstsein, für das die Geltung von Handlungen und Riten nicht von inhärenten Regeln, sondern von praktischen Wirkungen abhing. So wurde etwa der Regen beschworen oder auch die Fruchtbarkeit der Natur und der Frauen. Vergleichbar hiermit war die Situation der Theologie. Die Spuren Gottes, sein Wirken, können wir erkennen, von seinem Sein »als solchem« wissen wir nichts.

Der Zuwachs an Wissen über die Natur hat die menschliche Macht gesteigert und zugleich die Kontrolle der Vernunft über die Wissenschaft schwächer werden lassen. Die Verantwortung der Wissenschaftler ist gestiegen, aber die kraft allgemeiner Vernunft ausgeübte demokratische Machtkontrolle menschlichen Handelns und Wissens wird geringer.

Gottes Rücken

Die Welt und alles in ihr steht in Wechselwirkung. Alles Lebendige lebt dies auf seine Weise. Vom Vegetabilen über das Bakterielle bis zum Anthropomorphen prüft alles seine Umwelt und erwartet Wirkung. Die Künste und die Wissenschaften bezeugen es. Die Gottesidee fasst es zusammen:

> Die Himmel erzählen die Ehre Gottes,
> und die Feste verkündigt seiner Hände Werk.
> Ein Tag sagt's dem andern,
> und eine Nacht tut's kund der andern. (Ps 19,2–3)

Der hebräische Begriff *davar* bedeutet Wort, Sache oder Tatsache. Im *davar* ist das Wort so verbindlich wie eine Tatsache und die Tatsache so bedeutsam wie das Wort. Beide leisten Wechselwirkung und damit Kommunikation. Gottes Handeln, das von ihm Geschaffene, verweist auf sein Dasein. »Ich handle, also bin ich.« Das Tätigsein (und auch das Denken gehört dazu) bestätigt den Handelnden als Subjekt.

»Und Gott schuf den Menschen zu seinem Bilde, zum Bilde Gottes schuf er ihn; und schuf sie als Mann und Frau.« (Gen 1,27) Dieses Leben »zum Bilde

Gottes« haben wir bereits gedeutet: beide, Mensch und Gott, vermögen »Ich« (*anokhì*) zu sagen. »Ich« zu sagen bedeutet, sich selbst aus der Distanz als Objekt wahrzunehmen. Bevor sie »ich« zu sagen vermögen, verweisen viele, ja alle Kinder auf sich selbst in der dritten Person. Simona sagt: »Moma sucht Papa.« Sie lernt von den Erwachsenen die Selbstobjektivation: einen Blick von außen zu artikulieren und dabei eine Aussage mit grammatischem Subjekt zu artikulieren. »Ich« zu sagen heißt, Zeuge seiner selbst zu werden, den Mitmenschen folgend, die ihrerseits Zeugen unseres Daseins und Handelns sind. Das Bewusstsein ist Selbstbezeugung als Selbstvergegenständlichung im Blick auf sich selbst. »Ich« zu sagen ist die notwendige (wenn auch nicht hinreichende) Voraussetzung des Bewusstseins.

»Ich« zu sagen ist also keine ursprüngliche Selbstfindung, sondern entspringt der Anverwandlung des Blicks des anderen. Dieser Blick ist die Bedingung der Möglichkeit des »Ich« und verweist damit auf eine Beziehungsbindung. Der biblische Gott sagt *anokhì*, »Ich«, im Gespräch mit einem anderen, mit Mose. Und Mose tut es ihm gleich, wenn er vor dem brennenden Dornbusch mit Ihm spricht. *Mi anokhì?*, »Wer bin ich?«, fragt Mose die Stimme aus dem Dornbusch in Ex 3,11; und in Ex 3,14 antwortet die Stimme: *ehjié asher ehjié*, »ich bin, der ich bin«. Fichte scheint dieses *anokhì* Gottes ins Philosophische gewendet zu haben mit seinem Konzept des »universalen Ich«, einem Sebstbewusstsein des Seins, das alles in sich beschließt und daraus die Welt als Nicht-Ich hervorbringt. Und die unzähligen »Ich« eines jeden von uns verhalten sich zum universalen Ich so wie die menschlichen *anokhì* in der Bibel zum göttlichen *anokhì*, d. h. nach Seinem Bilde geformt, und nicht universal. Das philosophische Schema gliche so jenem der Bibel, demzufolge der schöpferische Gott im Erschaffenen das Nicht-Göttliche erschafft und im Menschen sein Ebenbild. Der Fichte'sche Idealismus bestünde im Konzept des universalen Ego als einer Ursprungsgestalt, demgegenüber mein empirischer Befund besagt, dass das Nicht-Ich dem Ich als Bedingung vorausliegt, und nicht umgekehrt (wie ich es zuvor zu erläutern versucht habe). Der Idealismus scheint mir eine systematische Umkehr der realen Praxis zu sein. Andererseits hat der Idealismus eine beflügelnde Wirkung auf unseren Geist: Die Ideen entspringen der Wirklichkeit, aber dann wird offensichtlich auch Wirklichkeit aus der Idee geboren.

Bedenken wir diese Wendungen und kehren zur biblischen Erzählung zurück, der zufolge der Schöpfer nach seinem Bilde ein Wesen geschaffen hat, das sich selbst als denkendes und handelndes Subjekt zu begreifen vermag. Oder vollzieht sich die Umkehr vielleicht eher so, dass der Mensch nach seinem Bilde einen Gott als eine ins Ideale sublimierte Projektion seiner selbst imaginiert? So denkt es Feuerbach, der die Theologie in Anthropologie verwandelt. Ich betrachte das als eine Selbstverständlichkeit. Andererseits ist die Bibel selbst voller solcher Umkehrungen. Man denke nur an Evas Geburt aus Adams »Seite«, wo doch in Wirklichkeit der Mann aus der Frau hervorgeht. Es muss sich da um eine Verdrehung, eine Revanche der Kirchenväter handeln, was im Übrigen auch der Apostel Paulus nahelegt:

> Der Mann aber soll das Haupt nicht bedecken, denn er ist Gottes Bild und Abglanz; die Frau aber ist des Mannes Abglanz. Denn der Mann ist nicht von der Frau, sondern die Frau ist vom Manne. Und der Mann ist nicht geschaffen um der Frau willen, sondern die Frau um des Mannes willen [...] Doch im Herrn ist weder die Frau ohne den Mann, noch der Mann ohne die Frau; denn wie die Frau von dem Mann, so ist auch der Mann durch die Frau, aber alles von Gott. (1 Kor 11,7–12)

Es heißt: »der Herr baute eine Frau aus der Rippe«, das ist der Norm gebende Ursprungsakt der Schöpfung; dann aber: Der Mann wird aus der Frau geboren; das ist nicht normativ, aber biologisch ursprünglich. Das normative Prinzip der Geschlechterhierarchie ist die Umkehr der natürlichen Norm.

Im Hinblick auf das Phänomen der Umkehr verweise ich erneut auf den Kausalsatz: Der Logik zufolge geht die Ursache ihren Wirkungen voraus, aber für gewöhnlich folgen wir der umgekehrten

Reihenfolge. Von den Wirkungen ausgehend suchen wir nach den Ursachen. Die Deutung einer Tatsache veranlasst dazu, sie als Wirkung zu begreifen, um dann von dort auf einer Zeitschiene zurückzugehen zu den Ursachen. Wir deuten eine Tatsache durch Erforschung ihrer vorausliegenden Möglichkeiten, d.h. durch ihre Ursache.

In feierlicher Form erklärt Gott diesen Vorgang dem Mose auf dem Berg Sinai. Er weist ihn auf die Grenzen seiner möglichen Gotteserkenntnis hin. Seit der Berufung am brennenden Dornbusch will Mose den Unsichtbaren, der zu ihm spricht, erkennen. Auf dem Sinai bittet er Gott, dass er sich ihm zeige. Er antwortet ihm: »[...] du wirst meinen Rücken sehen. Mein Angesicht kann niemand schauen.« (Ex 33,23) Das Angesicht Gottes ist sein unergründliches, unnennbares und unfassliches Wesen. Was aber ist sein Rücken? Ein exegetischer Kommentar deutet es so, dass Gott die Schnürung seiner *tefilim*, des Gebetsriemens, im Nacken zeigte (*Berachot* 7a; *Menachot* 35b). Damit handelte es sich um das sichtbare Zeichen des *Berit*, des Bundes Gottes mit Israel. Der Mensch legt die Gebetsriemens als Zeichen seiner Bundeszugehörigkeit an, aber auch Gott trägt sie, denn der Bund ist eine gegenseitige Bindung. Das Konzept ließe sich so beschreiben: In sich bleibt das Göttliche unerkennbar, erkennbar ist nur die menschliche Beziehung zu Ihm. So erkennen wir z.B. ein Objekt dadurch, dass wir es sehen; wir betrachten es und gewinnen Erkenntnisse über seine Erscheinungsweisen: seine Form, seine Farbe, seine Entfernung, seine Ruhe oder Bewegung. Was den Gesichtssinn anbetrifft, so sei darauf hingewiesen, dass »Dio« (»Gott«) sich vom gr. *Theós* ableitet, dem seinerseits (so sagt es Nikolaus Cusanus) das Verb *theoreo* zugrunde liegt, das den Gesichtssinn benennt. Gott wäre also derjenige, der sieht, ohne gesehen zu werden – ein Vorrecht der Macht, im Himmel und auf Erden. Geht man hingegen vom Etymon *div* aus, von dem sich das lateinische *divus* und *dìa* (»tagsüber« und »Tag«) ableiten, welche sich auf die Wahrnehmung des Lichts beziehen (die natürlich ihrerseits mit dem Gesichtssinn zu tun hat), dann ist Gott gleich Licht bzw. Schöpfer des Lichts kraft seines Worts gemäß *Genesis* 1,3.

Und nun werden physikalisch gesehen gerade dem Licht gleichsam theologische Eigenschaften zugeschrieben. Es ist einzigartig, bewegt sich mit der Geschwindigkeit c als Absolutum, als unveränderliche Konstante im gesamten Universum. In dieser Geschwindigkeit vollzieht sich eine Art Transsubstantiation, jene von Masse in Energie und von Energie in Masse gemäß der Gleichung $E = mc^2$, die besagt, dass die Energie E die Masse m ist, multipliziert im Quadrat mit der Lichtgeschwindigkeit c. c also, die Lichtgeschwindigkeit, ist im ganzen Universum invariabel und konstant, ein Faktum, das auch im Zentrum der Einstein'schen Relativitätstheorie steht. Auch die

Autoren der Bibel und die späteren Kabbalisten billigten in ihrer Lichtmetaphysik dem Licht den Status des Absoluten zu, was nicht heißen soll, dass sie die physikalische Erkenntnis der Lichtgeschwindigkeit zu antizipieren wussten. Allenfalls ließe sich anmerken, dass beide Instanzen, sei es aus wissenschaftlicher Erkenntnis oder als religiöse Symbolik, dem Licht die ihm gebührende Bedeutung zuerkannten.

Der Konstante *c* der Lichtgeschwindigkeit in der Relativitätstheorie kann die Konstante *h* in der Quantenmechanik (das Planck'sche Wirkungsquantum im Welle-Teilchen-Dualismus) zugeordnet werden. In einem Theoriegebäude, das Relativität und (Heisenberg'sche) Unbestimmtheit postuliert, erscheinen also zwei universale Konstanten, die absolut gesetzt werden?

Zurück zum Rücken Gottes. Maimonides liefert eine überzeugende Deutung: Es handele sich um Seine Spuren, Sein Wirken, Seine »Schöpfung« (gemäß der Theologie des Schöpfers). Gott sagt zu Mose: Mein Gesicht kannst du nicht sehen, wohl aber mein Wirken, die Folgen meines Handelns in Natur und Geschichte. Hieraus kannst du Rückschlüsse ziehen auf deren Ursprung, den Schöpfer. In diesem Sinne stellt sich Gott in der Einleitung zum Dekalog mit den Worten vor: »Ich bin der Herr, dein Gott, der ich dich aus Ägyptenland, aus der Knechtschaft, geführt habe.« (Ex 20,2) Er verweist nicht auf das, was er ist, sondern auf das, was er tut.

Gott, mit dem Rücken zu Mose gewandt, erklärt ihm also, dass der Mensch nur auf dem induktiven Wege eine Idee von Gott gewinnen kann, der eigenen Welterfahrung und den Wahrnehmungen folgend. Der Mensch begreift also seine Erfahrungen als einen Wirkungszusammenhang und stellt Mutmaßungen über ihre Ursache an, bis hin zum Grund aller Gründe. Und schließlich, Forschen und Handeln umkehrend, ersetzt er die Induktion durch Deduktion und leitet alles im Einzelnen wie insgesamt von einer intuitiv erschlossenen *causa prima* ab. Das wäre dann im weitesten Sinne ein »platonisches« Konzept. Der Status der Ideen, die wir in Wirklichkeit aus unseren Erfahrungen und Handlungen ableiten, indem wir sie als höher entwickelte Primaten dank zerebraler Vernetzungen aus unseren Sinneswahrnehmungen herausfiltern, wird von Platon als ontologisch autonom gedeutet. Ihm zufolge sind also die Ideen nicht Ableitungen aus der Erfahrung, sondern Erfahrung und Wahrnehmung der Welt sind ursächlich durch sie bedingt.

Von den Antworten zu den Fragen

In dem Maße, wie unsere Sinneswahrnehmungen und unsere mentalen Verfahren dank technischer Hilfsmittel an Umfang und Bedeutung gewinnen, ändert sich unser Tatsachenwissen; und so erweitert und verändert sich auch der Anwendungsbereich für unser induktives Handeln. Zugleich erweitern sich die Horizonte ins Unendliche. Stellen wir daraufhin Schlussfolgerungen an, so bleibt doch der methodische Vorsatz gültig, dass es nur vorläufige, keine abschließenden Aussagen geben kann. Von Galileis Fernrohr bis zu den Interferometern gilt, dass unsere Beobachtungswerkzeuge es erlauben, in immer kleinere und größere Bereiche vorzudringen und damit die Ausgangsdaten und Horizonte unserer Induktionen zu verändern. So ergibt es sich, dass wir, gleichsam um Luft zu holen oder aus Ungeduld, vorübergehenden Festlegungen den Rang von Axiomen zubilligen, mit denen wir Rückschlüsse auf dem gesicherten Boden der Deduktion vornehmen. Weshalb gesichert? Weil die Deduktion wie eine Hebamme aus der axiomatischen Gebärmutter das zutage fördert, was sie bereits enthält, insofern die Schlussfolgerung im Axiom bereits impliziert ist, sodass sie der Tautologie nahesteht, bei der Aussage und Folgerung identisch und damit unwiderlegbar sind: z. B. der Satz des Pythagoras zum rechtwinkligen Dreieck, der offenlegt, was in der Definition des Dreiecks bereits enthalten ist.

Von als Axiomen aufgestellten Konzepten lassen sich Theorien und Systeme ableiten, die in sich schlüssig sind – oder auch Ideologiegebäude, die mit Interessen und Leidenschaften aufgeladen sind. Das sind dann Kohärenzkonstrukte, die sich jeder kritischen Frage verschließen und die dazu geeignet sind, alle unvorhersehbaren Turbulenzen der Wirklichkeit zu zähmen. Ein unvorhergesehener Sprung oder eine nicht beachtete Leerstelle kann dann freilich das Konstrukt der strengen deduktiven Kohärenz zum Einsturz bringen, sodass die induktiven Verfahren erneut den Erkenntnisprozess voranbringen.

Das Gegebene als selbstverständlich hinzunehmen gehört zu unserer mentalen Ökonomie. Der Selbsterhaltungstrieb lässt uns bei den vertrauten Dingen und Ideen verharren. Das Bewahren ist eine Funktion des Lebens. Um Energie zu sparen, wehren wir allzu heterogene Impulse ab. Die Beständigkeit der Dinge sichert unsere Identität dank Gewöhnung und Gewohnheit inmitten des Wandels. Der gesicherte Raum beherbergt die Seele. Allerdings wird durch das Bezweifeln des Selbstverständlichen die Energie zur Fortentwicklung freigesetzt. Dazu veranlasst entweder Notwendigkeit oder Überdruss. Das Vergnügen, welches das Spielen bereitet, entspringt gerade der Spannung zwischen festgelegten Regeln und unvorhersehbaren Abänderungen, die durch Geschicklichkeit hervorgerufen oder durch Zufall generiert werden. Die Variationen, die sich trotz der Regeln als möglich erweisen, begründen den Spaß am Spiel. Das Schachspiel hat strenge Regeln, aber unendliche Möglichkeiten der Kombination. Die Kunst des Tanzes entfaltet sich in der Variation der Regeln, die die Körper, die Schwerkraft und die kanonischen Tanzfiguren auferlegen. Ein und dieselbe musikalische Komposition findet die unterschiedlichsten Interpretationen durch die verschiedenen Musiker.

Sprengt man den Käfig der Regeln, ändert sich die Musik, ändert sich das Spiel.

Die wahrhaft bewegenden Fragen sind jene, die ein vertrautes System, die das Offensichtliche und längst Geklärte aufs Spiel setzen. Die Fragen entspringen nicht aus früheren Fragen, sondern entstehen eher aus bereits gegebenen Antworten.

Eine Legende erzählt, dass ein Apfel, der Newton auf den Kopf fiel, ihn dazu bewegte, die moderne Physik zu begründen. Weshalb fällt der Apfel? Die Antwort lag vor: Er fällt aufgrund seines Gewichts. So sagt es die Erfahrung und die Autorität des Aristoteles. Die Antwort war nicht falsch, war aber eher eine Tautologie, eine Bestätigung des Offensichtlichen, und keine Erklärung. Es genügte Newton, die

Fragerichtung leicht zu verschieben: nicht »warum fällt der Apfel?«, sondern »warum wiegt er?«. Er verwandelt also die Antwort in eine Frage: »Was ist Gewicht?« Gewicht ist die Anziehung zwischen Massen. Apfel und Erde wirken aufeinander aufgrund der Anziehungskraft. Wer hätte je gedacht, dass der Apfel die Erde anzieht? Undenkbare Wechselseitigkeit. Gewicht ist Gravitation, wechselseitige Anziehung kontaktloser Massen. Diese »Kontaktlosigkeit« war den cartesianischen Rationalisten ein Skandalon. Sie wussten die Übertragung von Bewegungsimpulsen zwischen Körpern nur durch Kontaktimpulse zu erklären. Aus diesem Grund warfen sie Newton so etwas wie einen antiquierten Animismus vor, so als sei die Gravitation eine lebendige Verbindung zwischen den Körpern. Die Cartesianer hielten sich für die Fortschrittlichen; aber Newton war es sehr viel mehr, und er öffnete den Weg in die Zukunft. Die Zukunft hat ein uraltes Herz. Das hätte ein biblischer Prophet sagen können; denn er sah in den Ursprungs- die Zukunftsversprechen. Auch damit beschäftigte sich übrigens Newton. Aber er hatte sich damit nicht zufriedengegeben und überließ der Nachwelt seine Antwort als offene Frage: Was bedeutet Gravitation? Einstein beantwortete dies im Jahre 1915 mit seiner allgemeinen Relativitätstheorie. So wie Newton aus der Antwort »Ein Körper fällt aufgrund seines Gewichts« die Frage gemacht hatte: »Was heißt Gewicht?«, so verwandelte die Relativitätstheorie die Antwort »Es ist die Gravitation« in die Frage: »Was ist Gravitation?« Gravitation besteht nicht in der wechselseitigen Anziehung der Massen im leeren Raum, sondern in der geometrischen Deformation, die die Massen in der unendlichen Ausdehnung des Quasi-Körpers der Raum-Zeit ausführen. Diese Deutung ist in gewissem Sinne den Aussagen der Cartesianer nicht ganz unähnlich, die den wechselseitigen Einfluss der Körper nur als ein körperhaftes Geschehen begreifen konnten. Man könnte sogar sagen, dass Einsteins vierte Dimension, die Zeit, gleichsam des Aristoteles' fünfte Essenz, den Äther, rehabilitiert. Dem Uneingeweihten erscheinen die Gravitationswellen als Auswirkungen eines materialen Zusammenhangs und lassen ihn an die Wellen denken, die ein Stein verursacht, wenn man ihn in einen Teich wirft.

Ich betrachte einen wurmstichigen Apfel von Caravaggio, und mir kommt Newtons Apfel in den Sinn. Unabhängig von der Frucht, unabhängig auch von den Neurosen, die auf unterschiedliche Weise dem Maler oder dem Wissenschaftler zu schaffen machen, gibt es etwas, das sie miteinander teilen, der Meister der *pittura al naturale* einerseits, der »Naturphilosoph« (wie man damals die Naturwissenschaftler nannte) andererseits. Caravaggio übernahm »das Natürliche« im Wesentlichen aus den Naturstudien Leonardos. Leonardo seinerseits wollte in Zeichnung und Malerei »die große Menge verschiedener und eigentümlicher Formen, die die kunstfertige Natur erschafft« zur Geltung bringen (*Codice Arundel*, Ar 1551–c. 1380). Aus dem sparsamen Licht der Dämmerung bei Leonardo, das auf seine Weise die tastende Erforschung des »Natürlichen« zum Ausdruck bringt, werden im reiferen Werk Caravaggios überraschende Lichtwirkungen, die im Natürlichen Verhüllung und Offenbarung inszenieren. Seine Naturgegenstände lösen sich z. T. im Schatten auf, oder aber sie treten aus diesem ins Licht zurück. Caravaggios Natur figuriert nicht mehr als fortschreitender Erkenntnisprozess; er vermittelt ihr eher ein unerwartetes Erscheinen, so wie die Rätsel, die auch Thema seiner Bilder sind. Bei ihm ist das ins Licht getauchte greifbar Natürliche oft Hinweis auf ein plötzliches Ereignis, eine Enthüllung zwischen dem Sichtbaren im Licht und dem Unsichtbaren im Schatten. Es ist die Sprache des Wunders, die Transzendenz des Natürlichen, das Offenkundige als Rätsel.

Evidenz ins Enigmatische zu verwandeln, das gehört zur Kunst ebenso wie zur Wissenschaft. So hat Newton eine Evidenz (»Körper fallen, weil sie Gewicht haben«) in ein Rätsel verwandelt, indem er ein Gesetz entdeckte, dem Äpfel und Galaxien gehorchen.

Erklären und feststellen

Die Wissenschaft ist darauf aus, Fakten festzustellen. Erklärung und Experiment zielen auf Entdeckung, die ihrerseits festzustellen ist durch Beweis und Bewahrheitung. Aber der Wissenschaft geht es um festgestellte Erkenntnis. Für Ursprung und Ende des Ganzen gibt es weder Feststellung noch Erklärung. Wenn die Erklärung schwankt und keine anderen Daten zu erwarten sind, dann muss die getroffene Feststellung aufgegeben und nach einer anderen gesucht werden, Schritt für Schritt, von einer Stufe zur nächsten. Die Leiter der Wissenschaft ist nicht die Jakobsleiter. Auf ihr steigen die Engel auf und ab, Himmel und Erde verbindend, eine gerade oder auch gewundene Leiter, die aber einen Anfang und ein Ende hat. Die Leiter des Wissens ähnelt hingegen eher jenen, die Escher zeichnete, perspektivisch paradox, rigoros im Aufbau, aber verdreht und kontrafaktisch. Die Jakobsleiter ist die der Religion, die Leiter des Escher jene der Wissenschaft. Worin besteht der Unterschied? Darin, dass die Wissenschaft mit Hilfe von Erklärungen nach der Feststellung von Tatsachen strebt, die Religion hingegen nach Erklärungen sucht, für die sie sich mancher Feststellungen bedient. Die Religion will Anfang, Ende und Ziel der Welt erklären und deuten. Für die Wissenschaft bilden Anfang und Ende des Ganzen nur den dunklen und unerklärlichen Rahmen, innerhalb dessen sich die mühevolle und oft holprige Suche nach Erkenntnissen abspielt.

Im 17. Jahrhundert begibt sich Spinoza auf den neuen Weg der Forschung, um *more geometrico*, d.h. nach Art einer exakten Wissenschaft, Gott zu beweisen. In seiner *Ethica ordine geometrico demonstrata* ist Gott alles Seiende, die Koinzidenz des Seins mit sich selbst, die höchste Tatsache, die Tatsache aller Tatsachen, ohne Ende oder Ziel.

Ich denke, dass die Wirklichkeit das Gravitationsfeld unseres fortschreitenden Wissens und Begreifens bildet. Unsere Erkenntnisse kreisen unvermeidbarerweise immer in der Wirklichkeit, da unsere geistigen Voraussetzungen sie dort verankern und zugleich verhindern, dass sie bis zum »An sich«, bis zum Grund der Dinge vordringen. So hat es Kant gesagt. Wir stehen nicht außerhalb, sondern sind in den Akt unserer Erkenntnis eingebunden, wir können aus dem Kreis der Erscheinungen nicht heraustreten, und vielleicht bestätigt dies die Heisenberg'sche Unschärferelation.

Eine Abschweifung sei hier gestattet. Zu der Zeit, als sie in Mode war, rühmte sich die sogenannte »Postmoderne« eines von ihr aufgestellten Axioms, welches besagte, dass es in der Wirklichkeit keine

Fakten, sondern nur Interpretationen von ihr gebe. Dieser Aphorismus stammte von Nietzsche mit seinem Hang zum Romantisch-Subversiven. Es war ein sowohl grammatischer wie auch begrifflicher Irrtum. Dem Interpretationsgestus fehlte es am Gegenstandsbezug; denn was wäre denn zu deuten, wenn nicht Fakten oder Ideen? Angeblich atmete das Axiom demokratischen Geist: Jeder habe das Recht auf eigene Gedanken, zu einer eigenen Meinung, eigenen Kultur (das hatte einen postkolonialen Touch, eingedenk der kulturellen Verbrechen des Kolonialismus). Aber das recht zur freien Meinungsäußerung sagt ja noch nichts über den Wahrheitsgehalt der einen oder anderen Meinung. Fast musste man vermuten, dass es als autoritär galt, gegenüber einer falschen Aussage recht zu haben. Es sollten die Methoden der Wirklichkeitserkenntnis durch Hermeneutik, Meinungsanalysen, ersetzt werden. Es war die Rache des Meinens am Wissen; denn Wissen beherrschen nur wenige, es ist nicht demokratisch, wohingegen alle eine Meinung haben können. Es war ein quasidemokratischer Idealismus, der sich gegen das Wirklichkeitsprinzip der Wissenschaft in Stellung brachte. Die Postmoderne bereitete den Populismus vor, diese Verfallsform von Demokratie in den Massengesellschaften. Indem sie die Autorität der *doxa*, der Meinung, gegenüber der *episteme*, der Elite der Wissenden, beschwor, bereitete sie der wachsenden Macht der monopolistischen Zentren der Massenkommunikation den Weg, die die kollektiven Stimmungen manipulieren. Das Schulwesen, der wahre Ort einer Demokratisierung der Bildung, hat darunter gelitten; gewonnen haben die von wenigen kontrollierten Massenmedien mit ihrer rasanten digitalen Entwicklung.

Gewiss, in einem bestimmten Sinne ist die Fähigkeit, den eigenen Lebensraum zu deuten, eine ebenso notwendige wie beständige Leistung eines jeden Lebewesens, über wie viel Gehirn dieses auch verfügt. Was uns Menschen betrifft, so charakterisieren unsere Deutungen zwei Aspekte. Der offenkundigere von beiden ist die Tatsache, dass in jeder Deutung die Subjektivität der Interpretation eines Faktums oder eines Textes angesichts alternativer Deutungen sichtbar wird. Der zweite, eher verborgene Aspekt besagt, dass man von der Interpretation des Textes oder Fakts zu deren Ursprung zurückgehen kann, da sie in ihrer Objektivität und Autonomie durch keinerlei Erläuterung ausgeschöpft werden können. Der Akt der Deutung kehrt deren Subjektivität hervor, objektiviert aber zugleich das Gedeutete. Interpretierend gaukeln wir uns vor, einen Gegenstand oder Text auf das Maß unseres Erkenntnisvermögens zu bringen, während wir sie zugleich immer weniger begreifen. Aber dies erfolgt nicht deshalb, weil die vielen Versionen das Objekt »dekonstruierend« zum Verschwinden bringen, sondern vielmehr, weil sie dem Gegenstand seine Autonomie und Objektivität zurückgeben. Auf Seiten der um Deutung bemühten Subjekte herrscht die Relativität der Interpretationen; auf Seiten des gedeuteten Gegenstands oder Textes wird deren Für-sich-Sein, ihre Differenz zu uns, erhärtet. Dekonstruktivismus und Relativismus kennen nur das Subjekt und seine Wirklichkeits-Interpretation. Sie verleibt sich das Objekt ein und löst es in ihrem Gestus auf. Es ist das Verfahren des Dogmatismus, der dem Gegenstand eine einzige, orthodoxe Deutung zuweist und damit die Differenz zwischen Deutung und Gedeutetem zum Verschwinden bringt. Fälschlicherweise gelten Dogmatismus und Relativismus als Gegensätze, denn beide praktizieren eine *Ontologie des Deutungsaktes*. Es ist der trügerische Triumph einer objektlosen Subjektivität.

Als Folge der beiden besagten Deutungsakte – jener, der den Objektstatus relativiert, und jener, der ihn bestätigt – hat die Gottesidee schließlich in all ihren Interpretationen eine solche Autonomie und Realität gewonnen, dass sie auf die Geschicke der Menschen und Zivilisationen Einfluss genommen hat.

Ich kehre jetzt zum Thema zurück. Ich möchte also behaupten, dass Tatsachenaussagen die konsistenteste und zugleich erhabenste und demütigste Leistung des menschlichen Verstandes sind, während Deutungen den Weg zur Feststellung der Tatsache führen und helfen, an ihre Wahrheit zu glauben. Auf diese Weise hat Galilei die mit Experimenten arbeitende Wissenschaft inauguriert. Er hat als Frage an die Natur eine Hypothese aufgestellt und anschließend die Antwort festgestellt. Aber das Feststellen ist wie ein wörtliches Lesen, und um die Antwort verstehen zu können, müssen wir deren Sprache erlernen. Die Methode des Experiments ist notwendigerweise repetitiv, und dies nicht deshalb, weil wir unsere Sprache auf eine beschränkte und sich wiederholende Wirklichkeit einstellen müssen, sondern weil wir, durch Wiederholung, ihre Sprache lernen müssen. Und es genügt nicht, diese Sprache nach dem Gehör mittels sinnlicher Wahrnehmung und Einbildungskraft zu lernen, wenn man der Gefahr des Missverständnisses entgehen will. Wir müssen uns in ihre Grammatik der Elementarteilchen und Energieströme vertiefen und gefasst bleiben auf den Spott, den die Wirklichkeit über uns ausgießt wegen der dialektalen, also menschlichen Wendungen, mit denen wir ihre Sprache stottern. Tatsachenaussagen sind von sich aus weder evident noch obskur. Man gelangt zu ihrer Erkenntnis nur dadurch, dass man sich von allen anderen Intentionen als jener der Wissenssuche freigemacht hat.

Nachdem man durch Beobachtung und Berechnung festgestellt hatte, dass die planetarischen Umlaufbahnen elliptisch sind, setzte die Erforschung der Planetenbahn des Merkur diese Erkenntnis außer Kraft. Die Deutung dieses neuen Phänomens, die weitere Variablen ins Spiel brachte, führte zu weiteren Hypothesen. Man gelangte so zu der Erkenntnis, dass auch das Licht Gravitationskrümmungen erfährt. Die Forschung bewirkt, dass immer wieder frühere Erkenntnis korrigiert werden muss. Gerade aufgrund der Apriori-Bestimmungen unseres Verstandes ist die fortlaufende Überprüfung unserer Tatsachenaussagen die schwierigste und herausfordendste Leistung der menschlichen Intelligenz. Die Ptolemäer hielten es für evident, dass sich die Sonne um die Erde dreht. Aber die sinnliche Evidenz ist am meisten von unserer mentalen Prädisposition abhängig. In seinem *Dialog über die beiden hauptsächlichsten Weltsysteme* mit seinem aristotelisch fixierten Gesprächspartner Simplicio, dem Paduaner Vertreter der Kirchenpolitik und der akademischen Lehrmeinung, bringt Galilei dies kritisch zur Geltung.

Die Mehrzahl der Gläubigen ist weniger mit den Problemen des Wissens befasst als z. B. mit der Frage, welcher Mittel es bedarf, um das Seelenheil zu erringen. Galilei macht darauf bereits aufmerksam, wenn er sagt (und dabei möglicherweise den Kardinal Cesare Baronio zitiert): »Die Absicht des Heiligen Geistes ist es, zu lehren, wie man in den Himmel kommt, und nicht, welchen Umlaufbahnen der Himmel folgt.« Galilei betont auf diese Weise, dass ihn der Himmel physikalisch und nicht religiös interessiert.

Distanz und Pathos

Seit Kopernikus, Galilei und Kepler sind sich die »Naturphilosophen«, d. h. die Naturwissenschaftler, des Problems bewusst geworden, dass subjektive Projektionen die objektive Erkenntnis der Wirklichkeit in die Irre leiten; und sie haben deshalb auf die unpersönlichste aller menschlichen Sprachen zurückgegriffen, nämlich Mathematik und Geometrie. Das menschliche Wissen hat auf diese Weise einen Sprung gemacht. So entstand eine neue Verbindung zwischen Kulturbereichen, die bis dahin aus Klassen- und Prestigegründen getrennt waren, wie z. B. zwischen den »freien Künsten« und der Physik, zwischen Theorie und Praxis, zwischen philosophischer Neugier und handwerklicher Kunst. Die Fernrohre, in Holland für die Schifffahrt erfunden, passte Galilei den Erfordernissen der Himmelsbeobachtung an, auf diese Weise die horizontale Ausrichtung des Blicks in die Vertikale lenkend. So erfand er das Teleskop. Er entdeckte, dass Himmelskörper um den Planeten Jupiter kreisen, so wie es die Erde um die Sonne tut. Damit wurde das kopernikanische Modell zum Schlüssel für die Erforschung des Weltalls. Er entdeckte ebenfalls die Sonnenflecken und die

Gebirge auf dem Mond und schloss daraus, dass im Zusammenspiel von mathematischer Präzision und Wandelbarkeit der Materie Himmel und Erde Gemeinsamkeiten miteinander teilen. Dank handwerklicher Experimentierfreude (schiefe Ebene, Pendel) setzte er die philosophischen und religiösen Dogmen der Aristoteliker außer Kraft, die auf der Differenz von irdischem Mangel und himmlischer Vollkommenheit bestanden.

In *La rivoluzione scientifica da Copernico a Newton* erklärt Paolo Rossi, dass die Zusammenarbeit von Technik und Philosophie entscheidend war für das Entstehen wissenschaftlicher Experimente bei Galilei. Ihm ging Leonardo voraus, als er im *Codice Atlantico* schrieb: »Das Experiment vermittelt zwischen der kunstreichen Natur und dem Menschen.« Es war die gesellschaftlich revolutionierende Tat des städtischen Bürgertums, die die Hierarchie auflöste, die bis dahin zwischen den freien Künsten und dem Handwerk bestanden hatte. Vier Jahrhunderte nach Galileis Experimenten mit der schiefen Ebene und den Pendeln hat die Kooperation von Wissenschaft und Technik das außergewöhnlichste Monument hervorgebracht: den 27 km langen, unterirdischen Ring des CERN in Genf, die bewundernswerte Einrichtung des LHC zur Erforschung der Elementarteilchen mit seinem fünf Stockwerke umfassenden Oktogon voller verschiedenfarbiger Verknüpfungen. Dort arbeiten Theoretiker und Techniker aus vielen,

z. T. miteinander im Konflikt befindlichen Ländern. Sie bezeugen die Idee Leonardos, dass die religiösen Dogmen Zwietracht säen, die wissenschaftliche Beweisführung hingegen Eintracht hervorbringt. Diesem lebendigen Monument, das mit den Pyramiden und mit der Großen Mauer wetteifert, ist es gelungen, das Ursprungs-»Enzym« zu benennen, das wenige Augenblicke nach dem Urknall damit begann, Energie in Masse zu verwandeln: das Higgs-Teilchen.

Der Erfolg der mechanischen Künste inspirierte Descartes zu seinem mechanistischen Rationalismus. Allerdings folgerte Descartes daraus, dass sich Bewegungsimpulse nur durch direkten Kontakt der Körper (wie beim Billard) übertragen, was wiederum die Cartesianer daran hinderte, Newton zu verstehen, dessen Denken sie für antiquiert hielten. Sie rückten ihn in die Nähe der Astrologie, die von kontaktlosen Einflüssen der Sterne sprach. Newton widerlegte den Cartesianismus und die Astrologie – wobei er mit Letzterer nie etwas zu tun hatte. Er bestätigte Galileis Idee, dass die Erde und der Kosmos zu ein und derselben Natur gehören und den gleichen Gesetzen unterliegen, wie z. B. der Gravitation, einer »schwachen Energie«, die gleichwohl die Erklärung liefert für den größten Teil der makroskopischen Bewegungen des Weltalls.

Trotz der Religionskriege, die im 17. Jahrhundert eine Blutspur durch Europa zogen, fand damals die große, durch die Wissenschaft ermöglichte Säkularisierung statt, und dies dank der gemeinsamen

Arbeit von Theoretikern und Praktikern und gegen die kirchlichen, politischen und akademischen Hierarchien. Die narzisstische Kränkung des Menschengeschlechts, sich nicht mehr im Zentrum, sondern in einem unbedeutenden Ort des Weltalls wiederzufinden, wurde vielleicht teilweise kompensiert durch das Wissen, an Gesetzen teilzuhaben, die universal gültig sind. Hinzu kam der Stolz, dass es da jemanden geben konnte, der, trotz der wissenschaftlich erwiesenen Randständigkeit unserer Existenz, einen so gewaltigen Gedanken wie den des Selbstbewusstseins des Universums entwickelte. So ließ sich schließlich jemand in den Kopf steigen, die Idee eines universalen ICH zu konzipieren. Wir alle, mit unseren unzähligen »ich«, wären gleichsam dessen Moleküle (in etwa so wie auf dem Titelblatt des *Leviathan* von Hobbes, wo eine Menge menschlicher Gesichter, ein Chor von Rufenden, eine einzige gigantische Person bilden); jemand anders stellte dann fest, dass es keine Wirklichkeit ohne Sprache gibt, ohne unsere verbale Zustimmung. Diese idealistischen Entwürfe scheinen mir recht übertriebene Kompensationen für jene Schmach zu sein, die die Entdeckung unserer Randständigkeit im Universum seit Kopernikus uns bereitete. Ich neige eher zu einer »Gravitations-orientierten« Deutung unseres Denkens, Vorstellens, Wissens, Lebens und Tuns – dass nämlich all diese Aktivitäten sich nicht abkoppeln können von der Gravitation der objektiven Wirklichkeit, unter deren Herrschaft wir stehen. Ich glaube, dass dies der Grundgedanke der *Ethik* des Spinoza ist, der die kopernikanische Wende nicht als Niederlage begriff, sondern sie zum Ausgangspunkt seiner Reflexion machte. Ich weise noch einmal darauf hin, dass für mich die höchste Leistung der Wissenschaft (in ihrer prometheischen Erkenntniskraft) darin besteht, ihre methodische Disposition so auszurichten, dass mittels Experiment und Interpretation desselben Einsichten in die faktische Realität gewonnen werden, und dies mit der beständigen Offenheit zur Kritik und Überwindung früherer, nicht mehr tragbarer Aussagen. Seit Galileis *Dialog über die beiden hauptsächlichsten Weltsysteme* gilt dies. Spinoza in seiner *Ethica ordine geometrico demonstrata* folgt den Kriterien der Wissenschaft, und zwar nicht nur im *ordine geometrico*, sondern auch in seinem Gotteskonzept. Gott ist da nicht Erklärung oder Erklärbarkeit, sondern die Tatsache des Seins in seiner Totalität, Tautologie der Totalität. Die Tautologie beweist sich selbst in sich, eine Ganzheit, die nicht tätig ist, vielmehr die Substanz alles Seienden in seinen unendlichen Erscheinungsformen. Dieses Konzept bedeutete die Überwindung aller Theologie. Spinoza ersetzt das personale, willensbestimmte Gotteskonzept durch die unpersönliche Notwendigkeit des Seins, das Konzept der Offenbarung durch jenes der Erkenntnis. Da war es nur folgerichtig, dass seine jüdischen Glaubensgenossen in Amsterdam ihn aus ihrer Gemeinschaft ausschlossen.

Mit dem Fortschritt der Wissenschaft lösten sich viele religiöse Dogmen auf. Die Wissenschaft rodete das Terrain auf ihre Weise. Die Christen in Europa rieben sich nicht nur im Konflikt von Reformation und Gegenreformation auf, sondern sahen sich auch mit der Wissenschaft konfrontiert. Der Barock gab hierauf eine mächtige Antwort. Einerseits kam er der Prunksucht der Mächtigen entgegen, andererseits entfaltete er einen Naturalismus der Wirklichkeitsdarstellung und machte sich dabei die neuesten Erkenntnisse in der Darstellung des Raumes, der Körper, der Anatomie zunutze und schwelgte dann gegenreformatorisch in der Zurschaustellung der körperlichen Leiden Christi (und der heiligen Märtyrer in der katholischen Imagination). Während die sich entfaltende Wissenschaft in ihrem Bemühen um Objektivität die Dimension der Emotionen hintanstellte, legte die Religion den Akzent auf das emotionale Pathos. Die Wissenschaft sprach zum Verstand, die Religion zum Herzen. Die Wissenschaft entschlüsselte die Natur und kümmerte sich nicht um Wunder; die Religion stellte das überwältigende Wunder im Barock in den Vordergrund. (Caravaggio schuf hier eine Synthese, indem er das Natürliche wie ein Wunder malte, das Erkennen als Offenbarung dank seiner überraschenden Lichtgebung.) Anatomie, Optik – das Licht wird zum Protagonisten der Malerei und ist nicht länger nur Mittel der illusionistischen Darstellung der Räume. Newton praktiziert das Infinitesimalkalkül, Leibniz beschreibt die Krümmungen im Raum, eingebunden in die Bewegung der sich entfaltenden Zeit; die lineare Perspektive, wie sie im 15. Jahrhundert praktiziert wurde, gewinnt an Komplexität. Dies alles sind Errungenschaften der neuen Wissenschaft und suggerieren dem Barock seine eigene Sprache in Kunst und Architektur. Der Barock ist in Europa Zeuge der Turbulenz zwischen Religion und sich entfaltender moderner Wissenschaft. In dem Maße, wie die Religion die Kontrolle über die Verbindungen von Wissen und Glauben verliert, entwickelt der Barock das Verständnis ihrer Divergenz, zeichnet die Linien der Trennung zwischen den Geltungsbereichen und weist auf Möglichkeiten des Kompromisses. Der Kompromiss wird greifbar im objektivierenden Naturalismus, der in die religiöse Bildsprache einkehrt; die getrennten Bereiche sind jene der wissenschaftlichen Rationalität und des emotionalen Pathos der religiösen Berufung.

Für die Religion als Faktor politischer Macht und kultureller Hegemonie lauert in der Akzentuierung des emotionalen Pathos eine Gefahr. Da sie sich an das Innenleben der Gläubigen richtet, fördert es den privaten Charakter des Glaubens. Es stärkt das Persönlichkeitsbewusstsein des Individuums, reduziert auf diese Weise aber die Autorität der Kirche und des Klerus. Hier liegt einer der historischen Gründe für den modernen Säkularismus.

Das unendliche Verlangen nach Erkenntnis, das den wissenschaftlichen Geist beseelt, ist in Konflikt geraten mit dem Verlangen, den Sinn des Unendlichen zu ergründen, das die Religion befriedigen möchte. Wir leben mitten im Drama dieser Unendlichkeiten.

Glauben

In *An Essay Concerning Human Understanding* sagt John Locke (in Buch II, Kap. XXIII, § 2), dass derjenige, der versuchen wollte zu erklären, wie die Welt zu begründen sei,

> sich in ähnlich schwieriger Position wiederfände wie der Inder [...] der sagte, die Welt werde gestützt (»substantiiert«) von einem großen Elephanten; auf die weitere Frage, worauf sich der Elephant stütze, antwortete er: »auf eine große Schildkröte«; und worauf stützt sich die Schildkröte mit ihrem riesigen Panzer? Die Antwort: »durch etwas, von dem er nicht wisse, was es sei« [...] Die Idee, der wir den allgemeinen Namen »Substanz« geben, ist nichts anderes als der vermutete, aber unbekannte Träger jener Eigenschaften, die es tatsächlich gibt, von denen wir annehmen, daß sie nicht sein könnten *sine re substante* und welche »zugrundeliegende Sache« wir folglich »Substanz« nennen, was wiederum im alltäglichen Englisch das Wort ist für das, was »darunter« liegt (sub) und also »unterstützt«.

Ich komme zurück auf den Gedanken, bei dem ich stehengeblieben war: Gott ist der Ort der Unvollständigkeit der Welt, er ist nicht Lösung und Konklusion der Kausalkette, vielmehr der Ort ihrer Auflösung im Paradox. Gott lebt im Rückgang auf das Paradox: Er ist das Unsagbare, das spricht, das Unsichtbare, das sieht. Die Existenz des Universums ist eine Tatsache, aber die Frage, warum es existiert, prallt an der Wirklichkeit ab und bleibt ohne Antwort. Es bleibt der religiösen Vorstellungskraft überlassen, diese sprachlose Dunkelheit in die lichtvolle Gegenwart eines zugleich liebenswerten und richtenden Ansprechpartners zu verwandeln, der über die Macht verfügt, zu retten und zu verdammen, zugleich gefürchtet und ersehnt. Gott ist das Unerklärliche, das alles erklärt, das Licht der Dunkelheit. Die Religion ist, wie in der Medizin, das Placebo, das dennoch therapeutische Wirkung ausübt.

»Der Mensch glaubt am ehesten an das, von dem er sich wünscht, dass es wahr sei.« (Francis Bacon, *Novum Organum*, Aphorismus 49) Oft sind wir uns dessen, was das Lebensverlangen uns zu glauben oder zu fürchten veranlasst, sicherer als dessen, was wir wissen. Der Glaube an das, was wir glauben wollen, ist stärker als unser Wissen. Glaube nämlich ist für das Leben notwendig. Der allererste (und nicht unbedingt religiöse) Glaubensakt ist das Lebendigsein, ist die Lebenshoffnung, gerichtet auf das Heute und das Morgen. Und auch das Wissen ist auf Glauben angewiesen, auf Überzeugung gemäß Wahrscheinlichkeit und Vernunft.

> Erhoffter Dinge Wesen ist der Glaube
> Und ist Beweis für alles Unsichtbare
> (Dante, Par. XXIV, 64 f.)

Dante nimmt Bezug auf den *Brief an die Hebräer* (11,1) des Paulus und spricht von »erhofften Dingen«, die also von der Sehnsucht diktiert seien, und bezieht sich auf »alles Unsichtbare«, was also nicht vorgezeigt werden könne. Unser Wissen hingegen unterliegt der Prüfung durch die Wirklichkeit und ist deshalb wandelbar. Es ist eine Insel im Meer unseres Unwissens, in dem immer wieder neue Möglichkeiten schlummern. Die Wissenschaften sind sich der Vorläufigkeit ihrer Ergebnisse bewusst. Die Gottesidee hat sich vor allem in die beiden folgenden Bereiche zurückgezogen: zum einen dorthin, wo die Weltdeutungen in Widerspruch zueinander geraten, zum andern ins menschliche Herz.

Ich komme auf bereits Gesagtes zurück. Da die Logik der Kausalität, die eigentlich die Welt erklären sollte, sich als unzureichend erwiesen hat, sucht man nach anderen Sicherheiten. Aber die Gottesidee, der nichts Menschliches fremd ist, erscheint als ein konfuses Gemisch aus Wünschen, Vernunftgründen und Gefühlen. Trotz der Aufgaben, die man ihr zuweist, nämlich das Weltgeschehen zu begründen und zu rechtfertigen und ihm so einen Sinn und ein Ziel zu geben, bleibt sie in den Schemata unseres Verstandes und unserer Sprache gefangen.

Das Geschehen der Welt ist heutzutage in klaren wissenschaftlichen oder philosophischen Definitionen gefasst und gefangen; die Gefühlswelt reagiert darauf mit Ängsten und Hoffnungen. Wie ein Vogel in einem Käfig bewegt sich die Gottesidee angesichts dieser Dispositionen. Eine Öffnung hin zur Transzendenz bietet allenfalls die Unbestimmtheit der Anspielung auf mystische Intuitionen. Und solche Anspielungen erfolgen als Erzählungen, Metaphern, Beschreibungen oder Bilder. Über andere Mittel verfügt die Mystik nicht, mit diesen fängt sie Wissen und Empfinden ein. Einem phänomenologischen Abenteuer gleich ist die mystische Erfahrung kein Blick von außen, sondern eine innere Bewegung, die in der Erzählung Impulse gibt und empfängt. Die Mystik ist ein Vorfahre der Husserl'schen Phänomenologie.

Man kann die folgende biblische Erzählung als unerwartete mystische Erfahrung deuten: Nachdem er im Namen des Herrn die Priester am Hofe des tyrannischen Königs Ahab vernichtet hat und von der grausamen Königin Isebel mit dem Tode bedroht wird, flieht der Prophet Elia und gelangt nach vierzigtägiger Flucht zum Berg Horeb, dem Berg des Mose, und nächtigt in einer Höhle.

> Der Herr sprach: Geh heraus und tritt hin auf den Berg vor den Herrn! Und siehe, der Herr wird vorübergehen. Und ein großer, starker Wind, der die Berge zerriss und die Felsen zerbrach, kam vor dem Herrn her; der Herr aber war nicht im Winde. Nach dem Wind aber kam ein Erdbeben; aber der Herr war nicht im Erdbeben. Und nach dem Erdbeben kam ein Feuer; aber der Herr war nicht im Feuer. Und nach dem Feuer kam ein stilles, sanftes Sausen. [*Qol demamà dakkà.*] Als Elia das hörte, verhüllte er sein Antlitz mit seinem Mantel. (1. Könige 19, 11–13)

Dieses Sausen der Stille lässt sich in doppelte, scheinbar gegensätzliche Richtung auslegen: entweder als Zeichen übermenschlicher Transzendenz oder als das menschlicher Intimität. Beide sind unergründlich, und beide spiegeln einander.

Bei Augustinus lesen wir: »*Intellectus enim merces est fidei. Ergo noli quaerere intelligere ut credas, sed crede ut intelligas.*« (Die Erkenntnis ist der Lohn des Glaubens. Nicht durch Erkenntnis gelangt man zum Glauben, sondern durch Glaube zur Erkenntnis. *Kommentar zum Johannesevangelium*, 29,6.) Augustin meint den religiösen Glauben, aber sein Aphorismus sagt zugleich etwas über den Erkenntnisakt im Allgemeinen. Unser Erkennen ist nicht nur induktiv und kumulativ, es ist nicht nur ein fortschreitender Zuwachs an Erfahrungen, die sich zu Konstellationen verdichten, die ihrerseits im Laufe der Zeit gemäß unseren Interessen und Absichten sich verändern. Es entspringt nicht nur einem Drang zur Verknüpfung, es wird auch in eine Richtung gezogen, angezogen vom Fluchtpunkt einer Perspektive, von einer unausgesprochenen Wette (im Sinne Pascals) auf den Sinn unseres Erkenntnisbemühens; oder auch angesaugt von der Leere unseres Unwissens (ähnlich dem »ich weiß, dass ich nichts weiß« des Sokrates oder der *docta ignorantia* des Nikolaus Cusanus). Unser Erkennen ist eine Bewegung, die von einem anfänglichen Glauben an das Denkmögliche und an die Botschaft der Sinne ausgeht und gerichtet ist auf ein hypothetisches Glauben an einen Sinnhorizont, der, wenn er nicht Gottesglaube, eine Glaubenserwartung an die Sinnhaftigkeit des Erkennens ist.

Der Glaube ist eine ursprüngliche Notwendigkeit, eine Voraussetzung, ein Horizont. Würden wir in frühester Kindheit den Worten, die man uns lehrt, ihrer Wahrheit in der Bezeichnung von Dingen und Tatsachen nicht glauben, würden wir weder zu sprechen lernen noch fähig werden, eine Vorstellung von der Wirklichkeit zu entwickeln und einen Verstand auszubilden. Das kindliche »Warum?« setzt Glaube und Vertrauen an den Antwortenden und an das, was er sagt, voraus. Glaube geht der Intelligenz, dem *inter-ligare* oder *inter-legere*, voraus, dem Zusammenfügen und dem Lesen zwischen den Zeilen, dem Interpretieren. Für all dies ist das Glauben die Bedingung.

Es ist der erste Schritt auf dem Weg des Wissens. Wir müssen an unsere Sinne glauben, wenn wir die Eigenschaften der Dinge erkennen und begreifen wollen, ihre Farbe, ihren Geruch, ihren Geschmack, ihr Gefühl. Das Kleinkind steckt die Dinge in den Mund, lässt sie hinfallen, probiert aus, erfährt sich selbst auf diese Weise, begibt sich auf den Weg eines handelnden Subjekts, zeigt Willen im Annehmen oder Verweigern des Breis, lernt, seine Ausscheidungen zu kontrollieren.

Später unterzieht der kritische Verstand die Erscheinungen dem Zweifel. Sehen wir, wie die Gefangenen im Höhlengleichnis Platons, die Wirklichkeit nur als Trugbild, als Schatten? Als Schleier der Maya? Das Leben ein Traum, der Traum das Leben? Doch sobald unsere Erkenntniswerkzeuge arbeiten, gilt die Umkehr der Aussage Augustins: »*intelligo ut credam*«, ich will erkennen, um glauben zu können. Wenn ein Sachverhalt, ein Ding oder eine Idee uns intellektuell überzeugen, dann glauben wir daran.

Freilich bleibt, dass das, was wir zu glauben wünschen, einem Bemühen um objektiveres Wissen im Wege stehen kann. Das wissenschaftliche Erkennen muss sich von den partikularen Interessen und der geistigen Trägheit des Subjekts freimachen und kann dabei in Spannung geraten zu dessen Glaubensbedürfnissen.

Dieses Glauben, das Wissen ermöglicht, ist lebensnotwendig, und deshalb ist es so mächtig bei

Kindern. In einem ursprünglichen Sinne scheint mir der religiöse Glaube eine Sehnsucht nach der kindlichen Glaubenskraft zu sein, die in das Leben führt im Vertrauen auf die elterliche Autorität, die die Lebensbezüge gewährleistet. Aus Sicherheitsbedürfnis haben die Kinder eine ausgeprägte Neigung zum Stereotypen und zur regelkonformen Ordnung. Wenn sie zeichnen und die Phase überwunden haben, in der sie nur beliebig auf einem Blatt herumkritzeln, entwickeln sie in der Darstellung z. B. von Bäumen oder menschlichen Figuren Schablonen, die auf Symmetrie hin angelegt sind, und folgen damit einer in allen Kulturen anzutreffenden Veranlagung. Wenn ihnen etwas erzählt wird, lieben sie nicht nur die Wiederholung, sondern protestieren auch, wenn an der ursprünglichen Version Veränderungen vorgenommen werden. Sie verlangen nach dem Kanon. Sie sind darauf aus, dass die Abenteuer und Überraschungen, die in linearer Zeitfolge die Erzählung beleben, in die zyklische Zeit der kanonischen Wiederholung überführt werden. Die fortwährenden Veränderungen, welche sie beim Aufwachsen erleben, wollen sie durch Wiederholung und Ritualisierung kompensieren. Die Wiederkehr des Gleichen beruhigt und besänftigt die Angst vor dem Verlust eines geliebten Objekts (Freud verweist in *Jenseits des Lustprinzips* auf die Mutter). So soll das Verschwundene rückholbar erscheinen und die diskontinuierliche Wirklichkeit verstetigt werden. Vielleicht gibt es hier sogar eine verborgene Nähe zum Vorgehen des Wissenschaftlers, der einen gegebenen Sachverhalt durch Wiederholung im Experiment bestätigen will.

All diese Aspekte begegnen auch im religiösen Glauben, sowohl sein Vorrang vor dem Wissen, was dazu führt, dass man sich einem transzendenten Gegenstand zuwendet, der sich jeglicher Erkenntnis entzieht, als auch die Neigung zur zyklischen Zeit des Ritus als Gegengift zur gefürchteten Unvorhersehbarkeit der Ereignisse im Leben und in der Geschichte.

Die Nähe zum kindlichen Glauben begegnet weiterhin in der gedanklichen und gefühlsmäßigen Beziehung zu Gott als »Vater« mit der dazugehörigen Vorstellung der Gottessohnschaft und der Kirche als der »Mutter« einer Gemeinschaft, in der die Gläubigen die »Kinder« sind. Hier ist die religiöse Liebe eine Kindesliebe: eine Liebe zum Beschützer und Retter, der Gutes tut und mithin selbst das Gute ist. Der Schatten des Bösen ist anderswo, vorgestellt als teuflische Figur, die einen verfolgt. So unterscheidet die Fabel zwischen der »guten Fee« und der bösen, durch die Vorsehung bestraften Hexe. Es ist eine Liebe, die Abhängigkeit erzeugt und diese auch will. Der blutende Held und die trauernde Mutter, das Männliche und das Weibliche, erbringen an unserer Statt und um unser willen das Opfer ihrer selbst. Die Feindseligkeit der Kinder gegenüber der Autorität im Abhängigkeitsverhältnis oder ihre Wut über mangelnde Fürsorge wird auf teuflische Einflüsse zurückgeführt.

Dies scheinen mir die Grundzüge von Glaube und Liebe in den religiösen Anfängen zu sein. Wird indes der Glaube nicht mehr im Eltern-Kind-Paradigma gelebt, sondern als ein zustimmendes Bekenntnis mündiger Menschen, dann gewinnt er andere Charakterzüge. Das *Hohelied Salomos, Shir ha-shirim*, liefert hierfür ein Beispiel. In ihm geht es nicht mehr um das Band zwischen Schöpfer und Geschöpfen, sondern um eine wechselseitige und symmetrische, erotische Beziehung zwischen zwei autonomen Subjekten. Auf die weibliche Stimme, die den Gesang eröffnet, antwortet die männliche, es folgt ein Wechsel von Hoffnung auf Begegnung und Schmerz der Abwesenheit, eine fortwährende Bewegung, in der beide die gegenseitige Zugehörigkeit ebenso wie ihre Selbständigkeit bekräftigen. »Du gehörst mir, komm«, sagt die weibliche Stimme; »geh auf dich selbst zu«, *lachì lach*, sagt die männliche Stimme der Geliebten, denn er will sie ganz, in ihrem Selbstsein. In diesem Gesang eines sinnlich-weltlichen Liebesspiels – als Metapher gelesen für die Beziehung der Seele zu Gott, zwischen einer sehnsüchtigen Seele und einem ebenso sehnsüchtigen Gott – geht es nicht mehr um das kindliche Gemüt mit seinem Verlangen nach Schutz und Güte, das seine Gebete an die als allmächtig vorgestellten Vater und Mutter richtet. In diesem Gesang ist der Glaube nicht mehr um das Ich zentriert, um dessen Bedürfnisse, Forderungen und Interessen. Hier gehorcht der Glaube nicht länger den eigenen Lebensinteressen. Vielmehr bedeutet der Glaube hier die Bereitschaft, das eigene Ich zu überschreiten, sich vom Anthropozentrischen freizumachen, im großen Ganzen aufgehen zu wollen, sich einem »ozeanischen Gefühl« anheimzugeben, einer Intuition der Wahrheit des Alls, des Ganzen als Wahrheit, die Körper und Seele erfasst.

Dankbar zu sein für das eigene Dasein ist vielleicht die Grundlage aller Liebe, der kosmischen wie der menschlichen. Man spürt die Liebe Gottes und zu Gott, und auch die Liebe zur Welt oder zu einem Menschen, aufgrund der innigen Dankbarkeit fürs Leben. Die kosmische wie die zwischenmenschliche Liebe ist Dankbarkeit für das Verbundensein als Einzelner mit dem anderen, in der Sehnsucht nach der Gemeinschaft, im Sich-Erkennen und -Anerkennen. Es ist wie eine Ankunft im Meer der Ungewissheiten. Nebeneinander stehen in der Liebe die Angst vor der Zurückweisung und das Glück des Angenommenseins.

So erleben es die Mystiker, wie es Teresa von Ávila in ihrer *Vida* berichtet. Sie erzählt dort, alle Konventionen missachtend, von ihrem körperlich-geistigen Kontakt mit dem Engel, der im Begriff steht, sie mit seinem Pfeil zu durchdringen. Mitte des 17. Jahrhunderts hat Gian Lorenzo Bernini in der Kirche Santa Maria della Vittoria in Rom dies als Orgasmus in barocken Marmor übersetzt und diese Szene dem voyeuristischen Blick seiner Auftraggeber, die an der Seite dargestellt sind, freigegeben.

Die Intuition eines Jenseits ist nicht nur religiös, sondern allgemein menschlich. Als säkulare Dimension begegnet dies in Leopardis Gedicht *L'Infinito*, wo es heißt: »E il naufragar m'è dolce in questo mare« (»wohlig ist mir das Untergehen in diesem Meer«).

Sprache

Als »illokutionär« wird ein Sprechakt bezeichnet, der eine Tatsache hervorbringt und eine zuvor nichtexistierende Situation entstehen lässt. Ein Pakt, ein Vertrag, eine Verpflichtung, ein Schwur, ein juristisches Urteil sind illokutorische Akte in dem Sinne, dass sie eine durch das Wort bewirkte Wirklichkeit erzeugen. So ist in der *Genesis* der Bibel die Welt das Ergebnis eines illokutorischen Aktes. Zuerst ist es Gott, der spricht. »Und Gott sprach: Es werde Licht! Und es wurde Licht.« Anschließend tätigt Adam illokutorische Sprechakte: Er gibt den Lebewesen Namen. So wie *Elohim* aus einem Klumpen rötlichen Tons (*adom*) den lebendigen *Adam* formt, so gibt dieser den Lebewesen einen Namen, der deren Seinsweise definiert, und handelt damit illokutorisch.

Auch die Ideen, wie Platon sie begreift, sind solche Akte. Als Ideen und damit als Aussagen sind sie linguistische Tatsachen; aber sie sind auch insofern illokutorisch, als sie Wirklichkeit schaffen: Sie bezeichnen das Wesen der Einheiten, auf die sie verweisen. Jedes einzelne Pferd ist ein solches kraft seines »Pferdseins«. In hebräischer Tradition erschafft Gott die Welt beim Vortrag des Buches der *Torà*.

Das Johannesevangelium beginnt mit der Aussage »Am Anfang war das Wort«. Im *Sefer Jetzira*, dem »Buch der Schöpfung«, bilden die Buchstaben des Alphabets die Samenkörner der Welt. In manchen Kulturen erschafft die Gottheit die Welt im Tanze, und in einem weiten Sinne ist der Tanz als Ausdrucksform auch eine sprachliche Gebärde. Zudem nennt auch Galilei das Universum ein Buch, dessen mathematisch-geographische Sprache es zu entschlüsseln gelte:

> Die Naturphilosophie ist in diesem großartigen Buch geschrieben, das uns beständig geöffnet vor den Augen steht (ich meine das Universum); aber verstehen können wir es erst, wenn wir zuvor seine Sprache und die Zeichen, in denen es geschrieben ist, gelernt haben. Es ist in der Sprache der Mathematik geschrieben, und seine Zeichen sind Dreiecke, Kreise und andere geometrische Figuren; ohne diese Sprache und Zeichen bleibt uns Menschen die Sprache der Natur unverständlich; ohne sie irrten wir vergeblich in einem dunklen Labyrinth. (*Il Saggiatore* (1623), in: *Opere*, Bd. VI, S. 232)

In allen idealistischen Philosophien, die die Wirklichkeit und das in ihr sich Ereignende auf Ideen zurückführen, wirkt untergründig die Vorstellung archaischer Magie fort: Die Sprache wird als Schöpferin des Geschehens vorausgesetzt. Zwischen dem Idealismus, der die Objektivität der Idee gegen die

Fragwürdigkeit des Wirklichen stellt, und dem Relativismus, der das Wirkliche in Diskurse auflöst, besteht eine verborgene Affinität: Der Metaphysik des Objektiven auf der einen Seite entspricht auf der anderen Seite eine Metaphysik der Subjektivität.

Ist für uns die Wirklichkeit Sprache, oder ist es die Sprache der Wirklichkeit? Gibt es Wirklichkeit nur insofern, wie wir sie versprachlichen, oder existiert sie an sich – und wir können sie nur wahrnehmen in einer sprachlichen Übersetzung? Zum Beispiel durch Beschreibung, Benennung, Begriffsbildung, Geometrie und Mathematik? Erfassen wir sie allein aufgrund unserer mentalen und sinnlichen Voraussetzungen? Gibt es *für uns* Wirklichkeit nur dank unserer Zeugenschaft?

Die Bibel lehrt, dass Gott, der Unnennbare, uns in die Lage versetzt, den Dingen, dem Himmel, dem Meer, dem Menschen Namen zu geben. Der Name Gottes erlaubt es, Gegenstände und Lebewesen durch göttlich-illokutorische Sprechakte ins Leben zu rufen. Die Gesamtheit der benennbaren Dinge, die Welt, geht zurück auf eine Anomalie, nämlich den »Unnennbaren«, der dieser Gesamtheit äußerlich ist. Gleichwohl wird er genannt: »der Name« (*HaShem* auf Hebräisch). Die negative, »apophatische« Theologie, der zufolge sich nichts über Gott sagen lässt, da sein transzendentes Wesen uns unzugänglich bleibt, sodass nur das gesagt werden kann, was Gott nicht ist, hat zur Folge, dass jede geistige Darstellung

Gottes ihn nicht darstellt. In Magrittes Bild einer sorgfältig dargestellten Pfeife, bei dem wir, dank der Wirklichkeitsillusion, die die figürliche Kunst beim Betrachter auslöst, die Zuschreibung »Pfeife« erwarten, finden wir hingegen die Aufschrift »Ceci n'est pas une pipe«, »dies ist keine Pfeife«, und tatsächlich ist »dies« (*ceci*) ein Bild und keine Pfeife. So könnte jede Darstellung Gottes, und sei sie nur geistig, die Aufschrift tragen: »Ceci n'est pas Dieu.«

Die Götter der Mythologie haben, wie die Menschen, Personennamen. Der inkarnierte Christus heißt als Person »Jesus«, aber der Name des *HaShem* (als Namens-Periphrase) ist unsagbar. Einen Namen zu sagen bedeutet nämlich, etwas Lebendes zu begrenzen, es zu bestimmen und in die menschliche Sprache einzugliedern. Die Namensgebung bedeutet Machtausübung gegenüber dem Benannten. Gott sagt zum Propheten: »Schon im Schoße deiner Mutter habe ich deinen Namen genannt, dass du mein seiest.« Die Eltern geben ihren Kindern Namen, um sie als die ihrigen zu erkennen. Adam gibt den Tieren Namen, da er dazu berufen ist, sie zu beherrschen; und aus ähnlichem Motiv benennt er Eva, dem patriarchalen Geist der Bibel folgend. Deshalb ist das Nennen des Namens, *HaShem*, ein Tabu, denn es würde Ihm eine Bestimmung und Grenze geben und damit Macht über Ihn ausüben wollen.

Man sagt, dass die beeindruckenden, fünfzehn- oder dreißigtausend Jahre alten Darstellungen von

Bisons, Pferden und Hirschen auf den Wänden der Höhlen von Altamira oder Lascaux dem Ziel dienten, die Jagd zu beeinflussen: Die figürliche Aneignung der Beute sollte den Jagderfolg begünstigen. Ob diese Deutung stimmt oder nicht, sie entspricht in jedem Fall dem Motiv, das die bildliche Darstellung des Göttlichen und das Nennen Seines Namens verbietet: Die figürliche ebenso wie die sprachliche Form hat die gleiche magische Bedeutung eines Aktes der Aneignung.

Schreibt man der Sprache eine illokutorisch-performative Kraft zu, so ist es, als ob die Benennung das Benannte allererst erschafft. Aus diesem Grunde bleibt der Name Gottes verborgen oder unaussprechbar. Ansonsten wäre es so, als ob derjenige, der Gott benennt, ihn erschüfe, statt selbst der Erschaffene zu sein. Es würde so das Werk der Schöpfung umgekehrt. Die sprachliche Schöpfungskraft ist das Vorrecht Gottes. Wird diese Kraft dem Menschen zugeschrieben, so kommt es zur Magie, die im Wort das Ereignis geschehen lässt. Mit der Magie tritt der Mensch in Konkurrenz zu Gott, fordert das Göttliche heraus. Namensnennung und Magie sind verwandt und unterliegen beide dem biblischen Verbot. Das Verbot wird ausgesprochen gegen etwas, das als stets wirksam und gegenwärtig wahrgenommen wird, die fortwährende Versuchung der Schlange im Paradies mit ihrem Versprechen: »Ihr werdet sein wie *Elohim.*« Es drückt sich hier jene Spannung aus, die nicht nur dem biblischen Text, sondern auch jeder Herausbildung einer Gemeinschaft oder Kultur zugrunde liegt. Die Bibel liefert hierfür das Beispiel. Es ist der andauernde Konflikt zwischen den Tendenzen zur Individuation einerseits, zur Regression andererseits, zwischen einem Ordnungswillen und einem Rückfall ins Ungeordnete. Jeder lebende Organismus ist ein Ordnungsgebilde, das so lange besteht, wie es sich gegen Auflösung, Fäulnis und Verfall, die ihm innewohnende Entropie, zu behaupten vermag. Gott symbolisiert das Leben und vergegenwärtigt damit das anti-entropische Prinzip. Diese Symbolik bestätigt der Gott der Genesis, der aus dem großen Durcheinander, dem *tohu va-bohu*, dem Chaos des entropischen Zustands, die distinkten Formen der Welt in ihrer Ordnung hervortreten lässt.

Tautologie

Wenn Gott Antlitz und Namen hat (»du wirst mein Angesicht nicht schauen«), so ist er gleichwohl weder zu erblicken noch zu benennen. Der Grund liegt nicht darin, dass Name und Antlitz niemals Sein Name und Sein Antlitz sein können, sondern vielmehr darin, dass, würden sie wahrgenommen, mit Ihm identisch wären. So *hätte* Gott nicht Namen und Antlitz, sondern *wäre* dies. Würde also geistiges Gesicht und Gehör es erfassen, so wäre dies das Erscheinen Gottes ohne Schutz, in seiner Nacktheit und Verletzbarkeit. Im biblischen Bericht wird allein dem Mose der Zugang zu dieser Verletzbarkeit zugestanden: Nur er, so heißt es, erkannte seinen Namen und sprach zu ihm *panìm el-panìm*, »von Angesicht zu Angesicht« (Ex 33,11). Raschi folgt dem *Targum*, in dem es heißt: »der Herr sprach mit sich selbst in Gegenwart des Mose«. Mose wurde es gewährt, dem Selbstgespräch in menschenfremden Worten beizuwohnen.

Gott spricht mit sich selbst. *Er*, »dessen Werk das Wort ist«, da Wort und Werk zusammenfallen (»Er sprach, es werde Licht. Und es ward Licht«), ist der Ort schlechthin der Koinzidenz, der vollkommenen

Tautologie: *Ehijé asher ehijé*, »Ich werde sein, der ich sein werde.« (Ex 3,14)

Insofern Gott ganz bei sich ist und von niemandem und nichts abhängt, stellt er nicht nur die höchste Tautologie dar, sondern ist streng genommen auch die einzige. Nichts erreicht die Vollkommenheit dieser Tautologie, diese vollständige Koinzidenz und unwandelbare Identität mit sich selbst. Der monotheistische Gott ist im quantitativen wie qualitativen Sinne eins: einheitlich und einmalig. Jedes Merkmal Gottes verknüpft sich in Ihm zu einem Kern von Koinzidenzen. So bei Dante:

> O ewges Licht, das ganz in dir du ruhst,
> allein dich fassen kannst, von dir begriffen,
> in Liebe dich begreifst und deinem Antlitz lächelst.
> (Par. XXXIII, 124–126)

»Du sollst den Namen des Herrn, deines Gottes, nicht missbrauchen.« (Ex 20,7) Der Gott des Exodus, des Zweiten Buches Mose, scheint sehr genau zu wissen, dass Sein Name schwer fassbar ist, sodass der, der ihn ausspricht, leicht über ihn hinweggeht, um von anderem und insbesondere von den eigenen Angelegenheiten zu sprechen. Und dies, ohne sich dessen bewusst zu werden. In *La riligione vera* (1833) bringt dies Giuseppe Gioachino Belli in drei Versen mit bemerkenswerter anthropologischer und theologischer Prägnanz zum Ausdruck:

Wir allein sind die wahren Gläubigen
denn wir glauben an den Papst, und der Papst
klärt uns in allen Mysterien auf.

Erstaunlich, dieser eklatante Widerspruch von »Aufklärung« und »Mysterium«, und absurd die Art und Weise, in der sich das Geheimnis in Klarheit unserem Geist darbieten soll! Die Klarheit des volkstümlichen Papisten Belli bringt nur das Mysterium zur Sprache. Und dieses betrifft den verborgenen Sinn der Welt, wobei die beschworene Klarheit eher ein erneutes Verbergen und Verhüllen ist. Die Autorität des Papstes soll uns dieser unüberschreitbaren Grenze vergewissern, indem wir die Inszenierung des Mysteriums durch die Messe, die Predigt und die dazugehörigen Bilder akzeptieren. Und neben dieser so unverblümt vorgetragenen theologischen Aussage erscheint auch der anthropologische Anspruch: dass die Religion konstitutiv sei für ein Gesellschaftsbild, demzufolge hierarchische Ordnung und Zugehörigkeit zur Gemeinschaft durch eine exkludierende, d.h. andere ausschließende Identität garantiert ist. »Wir sind die einzig wahren Gläubigen, weil wir an den Papst glauben.« Das ist nicht nur ein katholisches Phänomen, es charakterisiert jede emotionsgeladene Mobilisierung, ob in Religion, Ideologie oder Sport. Stets ist da der Bezug auf einen »Führer«, ein Mittel der Motivierung der Masse.

Wie im Himmel so auf Erden

Die Inkarnation Gottes in Christus treibt ein stets lebendiges Verlangen auf die Spitze: jenes nach einer Widerspiegelung unserer Existenz im Himmel; jenes nach der Verwandlung der schweigenden Ferne des Himmels in einen Gesprächspartner; Furcht und Verlangen, wahrgenommen, beachtet und bezeugt zu werden. Der Himmel ist der Gestirnekompass der Reisen; die Astrologie versucht, den Himmel auf einen lesbaren Text über uns zu reduzieren. Heilige Bäume, Achsen der Welt, Christuskreuz, der Rauch, der von den Opferaltären aufsteigt, Pyramiden und Zikkurat, Jakobsleiter, irdisches und Himmlisches Jerusalem: Es sind lauter vertikale Symbole, die Himmel und Erde verbinden und in unterschiedlichsten Formen die Urhochzeit von Gaia und Uranos bebildern, von der Hesiod erzählt. Immer wieder von neuem bemüht sich die Menschheit, diese Entsprechungen und Spiegelungen zwischen dem Hohen und uns, zwischen dem Anderen und uns zu erahnen, um auf diese Weise eine Vorstellung von uns selbst und von unserem Dasein in der Welt zu erlangen.

So weitet sich das ursprüngliche Lebensbedürfnis aus, das auf unser Lachen und Weinen und Sprechen eine Antwort in der Welt und im Jenseits sucht. Ohne eine solche Korrespondenz bleibt nur Leiden und Tod. So heißt es in der *Mischna*: »Des Menschen Leben ist Mühsal«. Es ist die Bemühung um Verständigung, um Brücken zu schlagen im Handeln und Denken.

Rabbi Jehuda Löw, der Maharal von Prag und große Kabbalist des 16. Jahrhunderts, spricht in seinem Kommentar zu dem soeben zitierten Passus der *Mischna Avot* von den Entsprechungen zwischen Himmel und Mensch folgendermaßen:

> Bedenken wir, dass in der *Genesis* vom Menschen nicht gesagt wird, dass Gott sah, dass er das vollkommenste aller Lebewesen sei; denn ein jedes sei auf seine Art als ein Vollkommenes geschaffen, und nur der Mensch sei als etwas Unvollständiges erschaffen [...] Und wie die Himmel sich stets bewegen, ohne jemals innezuhalten, so dass in ihrer Bewegung ihre Vollkommenheit liegt, so eignet auf gleiche Weise auch dem Menschen, der ursprünglich nicht in der vollkommenen Ruhe seiner Vollendung geschaffen wurde, dass er beständig nach Vollkommenheit strebt, ohne dass er je die Ruhe der Vollendung erreichte. Seine Vollkommenheit liegt in dem fortwährenden Übergang von der Möglichkeit zur Tat.

Eine ähnliche Idee findet sich bereits in Pico della Mirandolas Traktat *De hominis dignitate*, wo es heißt, dass des Menschen Würde nicht in seiner geschaffenen Vollendung liege, sondern vielmehr in seiner vielseitigen Formbarkeit, ähnlich der des mythischen Gottes Prometheus; Pico wendet so ins Positive, was Dante als einen mangelhaften Zustand, jenen des Menschen als Larve, bezeichnet.

> Seht ihr denn nicht, dass wir nur Würmer sind,
> geborn, den Himmelsfalter einst zu bilden,
> der ohne Hülle auffliegt zum Gericht?
> Was tragt ihr hoch das Haupt in stolzer Haltung?
> Ihr seid doch wie ein fehlerhaft Insekt,
> gleichsam ein Wurm, in dem die Bildung fehlging.
> (Purg. X, 124–129)

Dieses danteske Thema findet sich auch bei Nietzsche, der, aus der Perspektive des Übermenschen gesehen, den Zustand des Menschen als den einer Larve wahrnahm, und zwar sowohl im christlichen Geist wie auch in dem der Radikalreformer.

Eine wunderbare Zeichnung Goyas zeigt einen gebeugten Greis mit langem weißem Bart, schwankend auf seinen Krücken, als Bild zu dem Motto »Aún aprendo«, »ich lerne immer noch«: Der Mensch, unvollkommen wie er ist, wandelt sich bis zum Tod. Aus dieser Verfassung des Unfertigen entspringt die Imagination des Zukünftigen ebenso wie die religiösen Phantasien von Unsterblichkeit und Wiedergeburt. So schrieb Pascal:

> Le présent n'est jamais notre but, le passé et le présent sont nos moyens; le seul avenir est notre objet: ainsi nous ne vivons pas, mais nous espérons de vivre. [Die Gegenwart ist nie unser Ziel, Vergangenheit und Gegenwart sind nur Mittel; ganz auf die Zukunft sind wir ausgerichtet, sodass wir nicht leben, sondern zu leben hoffen.]
> (zitiert nach Giacomo Leopardi, *Zibaldone*, unter dem Datum 12. Februar 1821)

Soeben haben wir beim Maharal von Prag gelesen: »Auf gleiche Weise die Himmel ... wie der Mensch.« Auf gleiche Weise? Diese Analogie von Himmel und Mensch begegnete bereits bei den Humanisten (Ficino, Pico, Leonardo) in den neuplatonischen Kreisen des mediceischen Florenz im 15. und beginnenden 16. Jahrhundert. »Wie die Himmel, ebenso der Mensch«, diese Analogie verweist auf die Schlüsselfragen, die die Zeiten hindurch (und bis heute) die Philosophie, die Religion und die Wissenschaft, je auf ihre Weise, beschäftigt haben. Was verbindet und trennt Himmel und Erde, das Unendliche und das Endliche, das Absolute und das Relative, das Ganze und die Teile, das Vergängliche und das Unvergängliche, die Naturgesetze und die Ausnahmen, die platonische Welt der Ideen und das empirisch Konkrete, oder auch das Sich-Ereignende und seine Sublimation zur Idee?

»Wie die Himmel, ebenso der Mensch«: Die Florentiner Neuplatoniker diskutierten das Wechselverhältnis von Mikrokosmos und Makrokosmos. Leonardo schrieb Traktate und übertrug in seine Gemälde, in seine Figuren vor Landschaftshintergrund (die *Felsgrottenmadonna*, die *Mona Lisa*) die spekulative Analogie des Erscheinungsbildes von Mensch und Natur: die Verzweigungen der Wasserläufe und den Blutkreislauf, die Felsstrukturen und das Knochengerüst des Körpers. Mikrokosmos und Makrokosmos zu verbinden bedeutete Säkularisation, humanistische Verweltlichung eines Problems, mit dem sich Philosophie und Theologie abmühten: Wie soll man Metaphysik und Physik, ewige Vollkommenheit und das Vorläufige in seiner Zeitlichkeit zusammendenken? Das Christentum hatte hierauf die suggestivste Antwort gegeben, indem es den Eingeborenen Sohn zur Mittlerfigur erklärte, ein zweiköpfiger Janus zwischen den inkommensurablen Dimensionen.

Die Hypothese der Entsprechung von Mikro- und Makrokosmos bildet vielleicht den Säkularisationshintergrund der Schriften Galileis, in denen sie aus dem poetisch-philosophischen Bereich in den der Wissenschaft übertragen wird: Die Gesetze der Bewegung der Gestirne regeln auch die Bewegung auf der Erde. So sind physikalisch Himmel und Erde verbunden.

Salviati, der in Galileis *Dialogo sopra i due massimi sistemi del mondo* den Autor repräsentiert, beschreibt die Position des Simplicio, der ihm gegenüber die offizielle, aristotelisch-theologische Tradition vertritt, folgendermaßen:

Im Anschluss an die allgemeine Betrachtung des Ganzen betrachten wir die Teile, die Aristoteles zufolge zweigeteilt sind und dabei höchst unterschiedlich und einander entgegengesetzt, nämlich der himmlische und der kreatürliche: ersterer ungeschaffen, unvergänglich, unveränderbar, teilnahmslos etc.; der andere einer ständigen Wandlung und Veränderung ausgesetzt, etc.

Kopernikus und Galilei überschritten die Grenzen, in die Himmel und Erde gebannt waren. Aristotelische Tradition und kirchliche Lehrmeinung nannten sie »höchst unterschiedlich und einander entgegengesetzt«. Sie hingegen wiesen nach, dass in beiden Welten die gleichen Gesetze galten. Aber diese wissenschaftliche Säkularisierung, die Himmel und Erde unter gleiche Gesetze stellte, versetzte die Kirche der Gegenreformation in Aufruhr. Sie sah die Funktion der notwendigen Vermittlung durch Christus und Kirche zwischen zwei bis dahin inkommensurabel und wesensmäßig verschieden geglaubten Welten infrage gestellt. Deshalb machte man Galilei den Prozess.

Die kopernikanische Wende und Galileis Entdeckungen erschütterten das Weltbild, holten die Erde aus dem Zentrum des Kosmos und beraubten sie so ihrer kosmischen Einmaligkeit. Newton fährt fort auf dem durch Kopernikus und Galilei vorgezeichneten Weg und weist nach, dass gemäß mathematischer Gleichung das Gesetz der Schwerkraft für das gesamte Universum gilt. In den folgenden Jahrhunderten entdeckt die wissenschaftliche Analyse, dass die Materie, die Elemente und Elementarteilchen, das ganze Universum prägen, von dem die Erde nur ein winziger Teil ist. Der Kosmos verliert damit seine Bedeutung als göttlich vollkommene, ewige Schöpfung und wird stattdessen zum Ort von Kernschmelzen, interstellaren Katastrophen, schwarzen Löchern, Materie, Antimaterie und dunkler Materie etc. Fortan gehört die Erde zum Himmel, und umgekehrt, beide beherrscht von den gleichen Erscheinungen der Gesetze und der Natur. Die Widerspiegelung von göttlichem Himmel und Erde, die theologisch und philosophisch orchestriert seit so langer Zeit die Menschen bewegt hatte, dann durch die Aufklärung verabschiedet worden war, kehrt nun dank Mathematik und Wissenschaft auf neue Weise zurück.

Wenn Leonardo im Apennin wanderte, hatte er stets sein Notizbuch dabei. Er studierte die Schichtungen des Gesteins, fand zahlreiche versteinerte Muscheln (die er »*nichi*« – Nester – nannte). Muscheln im Gebirge? Nach landläufiger Meinung deutete man sie als Überbleibsel der biblischen Sintflut. Leonardo verneint dies, durchaus irritiert. Er schreibt, dass nicht etwa das Meer die Berge unter Wasser setzte, sondern dass vielmehr das Wasser einst abfloss und so fossile Artefakte des Meeresgrunds in großer Höhe sichtbar werden ließ (*Codice Hammer*, zuvor *Leicester*, zwischen 1506 und 1510 verfasste Texte). Der geologisch interessierte Leonardo formuliert damit einen Gedanken von höchster Bedeutung: Die Erde hat eine Geschichte – eine weltliche, nicht theologisch deutbare Geschichte. Galilei hätte dies »Das Buch der Natur« genannt, das Aufschluss gibt über die Gesetze des *Zustands* der Dinge; bei Leonardo hingegen gibt es bereits so etwas wie ein »Buch der Geschichte«, eine »Naturgeschichte«. Die Formen des »Erschaffenen« sind nicht endgültig, sie unterliegen einem beständigen Transformationsprozess. Diese Sichtweise führt im 19. Jahrhundert, u. a. mit Darwin, zur Einrichtung der Biologie, was eine weitere Zuspitzung des Konflikts zwischen der Wissenschaft und der religiösen Orthodoxie zur Folge hat. Und im 20. Jahrhundert hört auch das Universum auf, ein großer Mechanismus mit gesetzmäßigen, sich wiederholenden und vorhersehbaren Bewegungen zu sein; vielmehr hat auch es eine Geschichte mit seinem Anfang im Urknall und seinen Phasen der Zustandsänderungen, seinen Gesetzen und Regelmäßigkeiten, aber auch Unvorhersehbarem. Damit ist Geschichte nicht länger eine ausschließlich menschliche oder auch göttliche Kategorie, nicht länger der Raum eines »freien Willens« in einer Welt konstanter, sich gleichbleibender Bewegungen, sondern alles, im Himmel wie auf Erden, im Mikrokosmos der Elementarteilchen ebenso wie in einer unbekannten Ausdehnung des Universums, ist bewegte Geschichte.

Das Wissen wird durch all dies nicht zufriedengestellt, denn sein Durst wird nicht gelöscht, zumal jede neue Erkenntnis wieder auf Unerklärtes stößt. Und auch der Lebenswille, der stets neue Nahrung sucht, bleibt unerfüllt, wenn er sich nicht mit Gewohnheiten und Vertrautem abfindet. So finden in den Leerräumen des Wissens und des Rätselhaften die Religionen und andere Glaubensformen ihre Berechtigung und spenden ihrerseits dem Suchenden einen möglichen Halt und Erleichterung. Unwissen und Wissensgrenze bringen Religion und Wissenschaft entweder einander näher oder gegeneinander auf.

Im »Anhang« des ersten Teils seiner *Ethik* sagt Spinoza, Gott sei »das Asyl des Unwissens«. Giambattista Vico nennt seinerseits in seiner *Scienza nuova* das Nicht-Wissen die Mutter der Neugier, und es sei damit die Großmutter des Wissens. Aus dem Nicht-Wissen kann Erkenntnis und Wissen erwachsen; es kann aber auch Hirngespinsten und Illusionen den Boden bereiten; und auch Einbildungskraft und Transzendenzphantasien können von ihm ihren Ausgang nehmen. Montaigne schrieb, dass wir mehr aus unserem Nicht-Wissen als aus der Wissenschaft die Kraft für unsere Erkenntnisse gewönnen (*Essais*, 2. Buch, Kap. 12, 1588).

Der Gott, den wir kennen

Vielleicht können wir uns, ob gläubig oder nicht, darauf verständigen, dass aufgrund der Transzendenz des Unerkennbaren jede Gottesidee nur Fiktion sein kann. Sie ist lediglich eine Begriffsbildung und entscheidet nicht darüber, ob es Gott gibt oder nicht.

So können wir denn ganz friedlich miteinander darüber reden, welche Vorstellung und welche Idee wir uns von Gott machen, und dies ohne den Anspruch, IHN zu erkennen.

Der Gott, den wir »kennen«, hat eine Funktion, ist ein Kausalnexus, eine wirkungsvolle Fiktion, ein wichtiges Placebo; eine Idee mit konkreter Wirkung in der Geschichte; ein Gegenüber, von dem wir uns wünschen, in seiner Fürsorge zu leben; ein Zeuge unseres und allen Daseins, den wir unsererseits bezeugen; ein Eingedenken des Seins, ein Eingedenken unseres Daseins, *der Herr ist mein Hirte*, die pastorale Autorität für uns, die wir selbst Hirten und Herde sind; oder auch Autorität unserer animalen Spezies, deren Führung wir beanspruchen, obwohl wir nur Mittler sind; Autorität der DNA und des Unbewussten, des rauen Nestes, in dem das bewusste Ich kämpft und blutet. Gott ist der unerklärliche

Sinn eines jeden Sinns, auch dort, wo es keinen gibt; eine Bestimmung, ein Person gewordenes persönliches Schicksal; ein Wirkgrund, der irgendeinem Willen entspringt; die Ursache aller Ursächlichkeit; die Gegenwart aller Vergegenwärtigungen; ein nicht Darstellbares, auf das sich alle Darstellung bezieht; eine Illusion, die keine Enttäuschung zu bereiten verspricht.

Dies sind *Funktionen*, die dem Gott, den wir »kennen«, zugeschrieben werden, und derer gibt es viele andere.

Der Gott, den wir »kennen«, erfüllt viele Funktionen: Er rettet, beschützt, tröstet, verurteilt und spricht frei, nährt und macht hungrig – alles, was nützlich oder schädlich ist und unser Interesse weckt. Aus dieser Eingrenzung auf das Instrumentelle der Funktionen erlöst IHN die biblische Erzählung, die ihn zur Person macht. Als solche verfügt Er über einen unergründlichen Willen und, bewusst oder unbewusst, über ein Innenleben, zu dem wir keinen Zugang haben und das deshalb Mysterium bleibt. Paradoxerweise gibt gerade die Menschengestalt dem Gott, den wir »kennen«, seine Autonomie zurück und befreit ihn von der Festlegung auf das Nützliche und Funktionale.

Die Funktionen, die wir dem Gott, den wir »kennen«, zuschreiben, inspirieren uns zu den frommen Gefühlen, zur Gottessuche, zum Gottverlangen. Es verlangt uns nach einem Blick, der sich auf uns richtet, einem so gebieterischen Blick, dass wir uns selbst zum Objekt werden und, vom Absoluten und Ewigen berührt, Tod und Nicht-Sein überlisten. Wie zu Beginn des Lebens oder des Sich-Verliebens bestätigt der liebende Blick unser Dasein, gibt uns Halt und einen Platz in der Welt. Deshalb lieben wir diesen Blick und sind, selbst ohne es zu wissen, dankbar.

Im Gott, den wir »kennen«, reflektieren wir uns selbst, so wie Dante es im letzten Gesang des *Paradiso* von der Vision des göttlichen Lichts sagt, jener bereits zuvor zitierten Stelle: »In seinem Innern in der eignen Farbe / erschien mir unser Ebenbild / drum ruhte einzig nur auf ihm mein Auge.« (Par., XXXIII, 130ff.)

Im Gegensatz zur Aussage Dantes spiegeln wir nicht Gott »in unserem Ebenbild«, sondern wir projizieren unser Ebenbild auf unsere Gottesimagination. Aber auf welche Bildfläche projizieren wir das menschliche Verlangen nach Gott? Vielleicht, so ließe sich sagen, auf jenen Grenzbereich zwischen Bekanntem und Unbekanntem, zwischen der vermeintlich erkennbaren und der nicht erkennbaren Wirklichkeit, als Antwort nicht auf die Beschaffenheit der Himmelserscheinungen, sondern als Antwort auf deren Grund und auf den Sinn des Universums und unseres Daseins. Dieser Grenzbereich verschiebt sich ständig, kontinuierlich oder in Sprüngen; und diese Unruhe löst in den Religionen solche Irritationen aus, dass sie zum Blutvergießen bereit sind, um der

Selbsterhaltung willen, um das Seelenheil zu sichern, um Machtgefüge zu stabilisieren oder um eine als unumstößlich ausgegebene Wahrheit zu bekräftigen.

Seit dem 17. Jahrhundert hat die moderne Wissenschaft mehr und mehr die unpersönliche Sprache der Mathematik und Geometrie an die Stelle der assoziationsreichen Bildungssprache gesetzt. Und wenn wir durch kluge Berechnung die Logik der Naturgesetze finden, so stellt sich die Frage, ob sie eine Projektion unseres Verstandes sind oder ob vielmehr unser Verstand durch die Natur und insbesondere durch unsere Menschennatur konditioniert ist. Und wenn Logik und Mathematik als unsere Leistungen den Gesetzmäßigkeiten des Universums entsprechen, liegt es dann nicht nahe, sie für die Gesetze der Natur zu halten?

Gott ist der Bezugspunkt unseres unüberwindlichen Nicht-Wissens; wie in einen Abgrund schleudern wir unsere Fragen und hoffen, im Echo eine Antwort zu hören. Aber dieses Echo bleibt unsere eigene Stimme. Sie mischt sich in das Hell und Dunkel, in die Stille oder die Geräusche der Welt und der Universen. Von Epoche zu Epoche währt die Illusion, das Echo sei die Stimme eines Anderen. Unser Wissen wächst, und ebenso wächst das Bewusstsein seiner Grenzen. Die Zeit wird siegen, das Menschengeschlecht wird ausgelöscht sein, ohne zum Grund allen Seins vorzudringen.

Vorsehung

Die Kindheit, in der sich das fundamentale Verlangen nach dauerhafter Existenz herausbildet, setzt sich im Leben fort in der Idee, »Kinder Gottes« zu sein, mit Ihm als Vater und seinem Wirken als Vorsehung. Das Kind weiß nichts von den natürlichen Grenzen von Vater und Mutter, vielmehr erwartet und fordert es alles von ihnen, da es sie als allmächtig sich vorstellt und so auch wünscht. Die Desillusion ist schmerzhaft, aber sie ist notwendig für die Entfaltung der persönlichen Autonomie und der Fähigkeit, sich seiner selbst bewusst zu werden und einen kritischen Blick auf sich selbst zu richten. Adam und Eva, nachdem sie von der Frucht der Erkenntnis gegessen hatten, »erkannten, dass sie nackt waren«; sie erkannten, dass ihr jeweiliger Körper mit seiner Haut begrenzt, verletzlich und getrennt ist; und sie wurden so allgemein der Unterschiede und der Grenzen zwischen den Lebewesen gewahr. Die »Ursünde« ist die »Sünde« der Unterscheidung und Individuation. Der mühsame Prozess, der zu ihr führt, ist schmerzhaft und erscheint wie eine Strafe für eine Schuld. Wenn die Schuld Bestrafung und Leid zur Folge hat, dann gilt auch die Umkehr: Wer leidet, der hat Schuld auf sich geladen und wird deshalb bestraft. Der Prozess der Individuation, den alle Jugendlichen durchlaufen, kann zur Übersteigerung und zur Rebellion führen. Das wäre dann die »Ursünde« der Adoleszenz. Und keineswegs zufällig spielt hier auch die Sexualität mit hinein. Augustins perverse Idee einer körperbedingten Ursünde wird durch die Tatsache konterkariert, dass seit jeher, von Generation zu Generation, die natürliche Entwicklung sich wiederholt. Nichtsdestotrotz besteht das Verlangen fort, sich einer rettenden, providenziellen Allmacht anzuvertrauen, dabei die verschiedensten Bereiche einzubeziehen und gegen die Evidenz des Wirklichen die Gottesidee hierfür in Anspruch zu nehmen.

Die religiösen Phantasmen scheren sich nicht um die Wirklichkeit. Voltaire lässt im 9. Kapitel seiner *Histoire de Jenni ou l'athée et le sage* von 1775 Birton, den Atheisten, sagen:

> gäbe es einen allmächtigen Gott, er hätte nicht das Böse in der Welt zugelassen; er hätte seine Kreaturen nicht dem Schmerz und dem Vergehen ausgesetzt. Wenn er das Böse nicht verhindern konnte, so ist er ohnmächtig; hätte er es gekonnt, aber nicht gewollt, dann ist er ein Barbar.

Vielleicht dachte Hans Jonas an diese Aussage Voltaires, als er in seinem Buch *Der Gottesbegriff nach Auschwitz* (1990) die gängigen Attribute Gottes –

Güte, Allwissenheit, Allmacht – mit der Shoa konfrontierte. Angesichts des schlimmsten Bösen mögen zwei der Attribute Bestand haben, aber alle drei zusammen sind unvereinbar. Wäre Gott gütig und allmächtig, könnte Er nicht allwissend sein; denn Sein Verharren in Untätigkeit ließe sich nur mit dem Hinweis rechtfertigen, dass Er vom Gräuel nichts wusste. Wäre Er gütig und allwissend, könnte Er nicht allmächtig sein; denn Güte und Wissen hätten ihn dazu bewegen müssen, den Lauf der Dinge zu verändern. Wäre Er allmächtig und allwissend, könnte von Güte keine Rede sein; denn Er hätte ja zugestimmt, dass das Böse in die Tat umgesetzt wurde.

Die Argumentation von Jonas ist ein logisches Spiel, dem jedoch eine reale Begebenheit zugrunde liegt: der Glaubensverlust jener, die durch die Hölle gingen; ihre Erwartungen, Wünsche, Hoffnungen wurden zunichtegemacht. Für den Gläubigen nämlich stellt Gott genau dies dar: Für sie ist Er der Bezugspunkt menschlicher Sehnsüchte und Erwartungen.

Wer wird den Glauben an die göttliche Vorsehung teilen, die Vernichteten oder die Geretteten? Primo Levi beschreibt in *Ist das ein Mensch?*, wie im Lager in Auschwitz der alte Kuhn im Gebet Gott dafür danken lässt, dass er diesmal nicht ins Gas geschickt worden ist, wohin, an ihm vorbei, so viele gehen mussten. So denkt der Wolf, der gerade ein Lamm zerreißt, aber das hilflos blökende Tier denkt so nicht. Milliarden Lebewesen, tierisch oder pflanzlich, werden täglich verschlungen, Opfer des unversöhnlichen Wirkens der Natur oder der Geschichte. Nur eine geringe Zahl überlebt täglich: Und diese maßen sich das Recht an, im Namen aller darüber zu urteilen, wie die Weltläufe im Namen der Vorsehung sich entwickeln. Damit ist die Idee der Vorsehung das Privileg einer vorübergehend geretteten Minderheit, die die unermessliche Zahl der Untergegangenen im Rücken hat. Und es mischt sich in das Gefühl der momentanen Errettung, und auch in die Scham, den Nächsten zu überleben, der tröstliche Gedanke, auch die Untergegangenen seien im Sinne der Unsterblichkeit *post mortem* gerettet. Zwei Bedingungen bringen dabei die Geretteten ins Spiel: dass es den Tod gar nicht gebe und dass eine himmlische Gerechtigkeit die Bösen bestraft und die Gerechten belohnt. Dass im Jenseits das Recht sich durchsetzt, garantiert die tröstende Wirkung der Religion. Offensichtlich hat dieses Kriterium immer wieder dazu gedient, sich mit dem Lauf der Geschichte zufriedenzugeben.

In seinem *Novum Organum* berichtet Francis Bacon von zwei Menschen, die in ein Gotteshaus gehen. Der eine sagt: Siehst du diese Votivgabe, die der Errettung aus einem Schiffbruch gilt? Sie wird ein Geretteter gespendet haben als Zeichen der göttlichen Vorsehung. Nein, antwortet der andere; was ist mit denen, die ebenfalls in höchster Not ein Gelübde taten und die nicht gerettet wurden?

Das Gute und das Böse

Schlupfwespen sind dazu fähig, einen Käfer bewegungsunfähig zu machen, ohne ihn zu töten. Sie legen in dessen Körper ihre Eier und die daraus schlüpfenden Larven zerfressen den lebendigen Käfer von innen her. Die Larven scheiden ein wirksames Antibiotikum aus, das die Bakterien im Innern des Käfers vernichtet. Möglicherweise wird sich die medizinische Forschung dieses Antibiotikum dienstbar machen. So überlagern sich das Gute und das Böse. Das ist der Lauf der Welt, sowohl faktisch als auch metaphorisch gesehen.

Charles Darwin schrieb 1860 in einem Brief an Asa Gray:

> Ich kann nicht daran glauben, dass ein allmächtiger Gott die Ichneumonida (Schlupfwespe) geschaffen hat und dabei plante, dass diese den lebendigen Käfer von innen her zerfraß.

Man könnte meinen, dass die Ichneumonida wie ein Unheilsbote Darwin zum Ungläubigen machte – und dies trotz der wissenschaftlichen Kooperation seiner gläubigen Ehefrau Emma Wedgwood.

Leibniz erfindet genialerweise den Begriff der »Theodizee«, mit der er einerseits die antike Idee der Rechtfertigung Gottes aufgreift, andererseits Gott die Verantwortung auferlegt für die unauslöschliche Gegenwart des Bösen: Gott habe die Relation von Gut und Böse so gestaltet, dass jeweils ein Maximum des Guten und ein Minimum des Bösen möglich sei. Auf diese Weise greift Leibniz die platonisch-plotinische Idee der besten aller möglichen Welten auf. Voltaire macht sich darüber lustig, geht allerdings nur auf »die beste Welt« und nicht auf das »möglich« ein, sodass er der Dialektik von Gut und Böse, die im Leben wirksam ist, nicht gerecht wird.

Angesichts des äußersten Bösen muss der Gott, der nicht rettet, gerettet und gerechtfertigt werden. Aus der Vaterschaft Gottes wird menschlicher Paternalismus ihm gegenüber. Man erkennt dies an den Verrenkungen, die zu seiner Rechtfertigung auftauchen, ebenso wie an den Anstrengungen, die unternommen werden, um ihn von jeder Verantwortung für das Böse freizusprechen. Etwa dann, wenn man das Böse dem Willen eines anderen zuschreibt, dem Teufel oder dem sündigen Menschen. Der Teufel, der landläufig gehörnt und mit den gespaltenen Hufen des Ziegenbocks dargestellt wird, ist der Sündenbock Gottes. Die Figur des Teufels ermöglicht jenen Trost, sich Gott als absolut gut, das Gute als absolute Größe und den Konflikt zwischen Gut und Böse als ein Nullsummenspiel vorzustellen: Entweder gewinnt die eine Seite oder die andere. Auf diese Weise wird die Dialektik, die der lebendigen Wirklichkeit eignet, außer Kraft gesetzt. All dies nimmt dem Einen Gott das Attribut der Totalität, mithin den Charakter absoluter metaphysischer Subjektivität und verwandelt ihn stattdessen in ein Moment menschlicher Vorstellung des kosmischen Dramas. Der menschliche Wunsch nach vollkommener Unschuld Gottes, der menschliche Paternalismus, der Gott von jeder Verantwortung für das Böse freisprechen will, überwiegt im Monotheismus – selbst wenn dies bis in die Blasphemie führt, wie es in der Öffentlichkeit, insbesondere in der Theologie der Fall sein kann.

Die Vorstellung von einem vollkommen guten und am Bösen unbeteiligten Gott ist eine perverse und pervertierende Idee. Das Ideal einer Gewalt, die die Welt vom Bösen mit all seinen Wurzeln befreit, kennzeichnet extremen Fundamentalismus, sei er politisch, ideologisch oder religiös. Die Idee des nur guten Gottes ist keine gute Idee. Sie ist Paranoia, sie wirkt in blutrünstigen totalitären Regimen, die vorgeben, mit dem Bösen und Unvollkommenen aufzuräumen, wie Hitler es tat oder Pol Pot in Kambodscha.

Anstelle des absolut guten und unschuldigen und gerade deshalb unerbittlichen Gottes figuriert besser der Gott des Propheten Jesaja, der voll Würde alle Verantwortung auf sich nimmt:

> der ich das Licht mache und schaffe die Finsternis, der ich Frieden gebe und schaffe Unheil. Ich bin der Herr, der dies alles tut. (Jes 45,7)

Und im *Deuteronomium* (30,19) heißt es:

> Ich nehme Himmel und Erde heute über euch zu Zeugen: Ich habe euch Leben und Tod, Segen und Fluch vorgelegt, dass du das Leben erwählst und am Leben bleibst, du und deine Nachkommen.

Es heißt also nicht *wähle das Gute*, sondern *wähle das Leben*. Das Leben an sich bedeutet also nicht das Gute. *Ich habe Segen und Fluch euch vorgelegt*: In deinem Leben wirst du die Bresche zwischen dem Positiven und dem Negativen suchen müssen. Gottes Gebote sind in sich nicht das Gute; sie sollen dir vielmehr den Weg zwischen Gut und Böse weisen. Das Leben selbst ist eine schwierige und wechselhafte Verbindung von beidem. Pflanzliches und tierisches Leben dient deiner Ernährung; aber Blut, die Substanz des Lebens, darfst du nicht zu dir nehmen. Im biblischen Verbot des Blutes spiegelt sich das Wissen um das Böse, das der lebensnotwendigen Verfügung *über* Leben eingeschrieben ist. Es schließt das Eingeständnis eines notwendigen Übels mit ein; aber das biblische Verbot des Blutgenusses ebenso wie die Vorschrift, es der Erde zum Zwecke der Lebenserneuerung zurückzugeben, symbolisieren das »als ob« der Bewahrung des Lebens des Tieres im Akte seiner Tötung. Am sechsten Tag der Schöpfung, als auch der Mensch geschaffen war, sah *Elohim*, dass »alles, was er gemacht hatte, sehr gut war«. Nicht nur gut, wie an den anderen Tagen, sondern *tov meod*, »sehr gut«.

> Rabbi Shmuel sagte: »und siehe, es war gut« (Gen 1,25), das bezieht sich auf die Neigung zum Guten; und dann »es war sehr gut« (Gen 1,31), das bezieht sich auf die Neigung zum Bösen. Kann eine solche Neigung »sehr gut« sein? Das sollte mich wundern. Vielmehr bedeutet es, dass ohne Neigung zum Bösen kein Haus gebaut, keine Frau geheiratet, keine Kinder gezeugt, keine Geschäfte abgeschlossen worden wären. (Gen Rabbà, 9)

So handelte Jakob böse, als er seinen blinden Vater Isaak und seinen Bruder Esau um des Erstgeburtsrechts willen betrog, auf diese Weise das Recht beugte, zugleich aber einem Plan gehorchte, der das zukünftige Leben Israels betraf. Daraus folgt, dass das Gute und das Böse keine absoluten Gegebenheiten sind, sondern eine Polarität darstellen, die allem Leben und Handeln eigen ist. Der Urteilsspruch richtet sich danach, welche der beiden Seiten im menschlichen Dasein und seiner Geschichte überwiegt.

»Wähle das Leben«, stelle dich seinen verschlungenen Wegen und vertraue auf *Ihn*, der, um des Lebens willen, »Licht und Dunkel, Krieg und Frieden schuf«. Das Gute und das Böse, wie überhaupt alles, hängen von Gott ab. JHWH, das Tetragramm, deutet Mosche Chaim Luzzatto, wenn ich mich richtig erinnere, so, dass es sich aus zwei Tönen zusammensetzt, dem *Yah* als Ausdruck der Freude und dem *Veh* als Ausdruck des Schmerzes; denn dies sei die Polarität, die alles Dasein in Bewegung halte.

Woher gewinnen wir die ersten Vorstellungen von Gut und Böse, wenn nicht von dem, was uns Wohlgefallen bereitet, und dem, was uns Angst macht? Mithin von dem, was uns Kraft gibt und Lebensdauer verspricht, und von dem, was sich uns in den Weg stellt und bedroht. Die ursprüngliche Reaktion auf das Bedrohliche ist die Verteidigung des Lebens. Seit der frühesten Kindheit reagiert der Körper auf gut und schlecht, danach entwickelt die Psyche Affekte und Leidenschaften, und der Geist fügt Figuren, Symbole, Ideen und Prinzipien hinzu. Wir lernen aus der Erfahrung und also induktiv, geben dem aber eine deduktive Wendung, indem wir es von Gott ableiten. Auf Kosten des Körpers und seiner empirischen Geschichte setzt sich der Geist an die erste Stelle und etabliert eine absolute Autorität.

Gut und Böse sind ursprünglich, in der Wirklichkeit wie in der Bibel, und dies wird bestätigt durch die Tatsache, dass der Baum der Erkenntnis im Garten Eden längst vor dem Sündenfall gepflanzt war und Gut und Böse vereinte. Es ist der Baum der Erkenntnis, aber *da'at*, Erkenntnis, besagt hier (übrigens auch im sexuellen Sinne) sowohl »Vereinen« als auch »verwickeln«, sodass der Baum keine gegebene Unterscheidung bestätigt, sondern vielmehr auf das Problem abzielt, das in das Geflecht der Welt verwobene Gute und Böse unterscheiden zu müssen. In der biblischen Erzählung beginnt das menschliche Leben, so wie wir es kennen, nach dem Sündenfall, und Gott legt die Bedingungen dafür in der Spannung zwischen Gutem und Bösem fest: Der Mensch wird leben im Schweiße seines Angesichts und menschliches Blut vergießen. Wenn der Name »Eva« dieses heißt: »die Mutter aller, die da leben« (Gen 3,20), so ist sie es doch, die im Pflücken der verbotenen Frucht den Tod ins Leben brachte. Atem (*ruah*), Seele *(nefesh)* und Blut (*dam*) sind mit Leben und Tod verquickt. Die Lebenden sterben, und indem sie sterben, geben sie Lebenden Raum.

Das ist die Wirklichkeit und ihr folgt die Bibel, die demgemäß einen Gott bezeichnet, der nicht nur das Gute, sondern auch das Böse verantwortet. Gott wird als ein lebendiges Wesen vorgestellt, das die Spannung zwischen Gut und Böse, die dem Leben inhärent ist, verantwortet und diese Verantwortung nicht auf andere Lebewesen abwälzt, seien diese Menschen oder böse Geister. Dies wird auch deutlich in der überraschenden Anrufung des hebräischen Gebets (das anschließend das christliche

Vaterunser wurde): »führe uns nicht in Versuchung« (übrigens kürzlich berichtigt zu »verlasse uns nicht in der Versuchung«), was Gott eine typisch dämonische Haltung zuschreibt. Das ist vereinbar mit dem menschlichen Bedürfnis, sich eine positive Macht vorzustellen, der man sich anvertrauen kann, wobei zugleich die paternalistische Tendenz zum Vorschein kommt, die uneingeschränkt Gottes Unschuld beteuern will.

Freilich gibt es auch im paternalistischen Gotteskonzept ein evolutives Moment. Wurde früher ein Volk vernichtet, so war auch sein Gott geschlagen. Wurde er zusammen mit seinem Volk nicht ausgelöscht, so tauchte er in verwandelter Gestalt im Pantheon der Sieger wieder auf. Im Polytheismus war das kein ungewöhnlicher Vorgang. Im Monotheismus ist das nicht möglich. Die Bibel berichtet, dass in der Niederlage und Verbannung des Gottesvolks sein Gott nicht besiegt und nicht in die Reihe der siegreichen Götter eingegliedert wird. *Du sollst keine anderen Götter neben mir haben.* Angesichts des Untergangs kommt alles darauf an, dass der Eine Gott lebendig bleibt und seine Rechtfertigung sogar darin liegt, dass er die Niederlage herbeigeführt hat. So gewinnt die Niederlage eine positive Seite: Sie wird zu einer Strafe dafür, dass das Volk von seiner rechten Bahn abgekommen ist, weshalb es seinen Fehler berichtigen muss, um weiterzubestehen. Der Feind ist nur scheinbar der Sieger, er kann nicht triumphieren, denn er wird verwandelt in ein bloßes Werkzeug des lehrenden und liebenden Gottes.

Diese mentale Disposition hat viel zum Fortbestand der Juden durch die Jahrhunderte hindurch beigetragen. Sie reicht weit in die Tiefe und in die Höhe. In der Tiefe geht sie bis zu den Wurzeln des Leids, dort wo das Leiden ein notwendiger Teil des Lebens ist, wo sie das Leben warnt, auf dass es sich behaupte: Das Feuer brennt, der Schmerz lehrt den Abstand; der Durst quält und lehrt die Suche nach dem Wasser, die Kälte lehrt die Kleidung, die Hitze den Schatten. Der körperliche Schmerz ist die früheste Schule des Lebens. Diese früheste Lehre setzt sich nahtlos fort in die einzelnen Erscheinungen des Übels, das moralische, das soziale, das historische. Diese Disposition reicht bis ins Metaphysische, erfasst die Gottesidee jenseits aller vorübergehenden Erscheinungen, wird zu einer transzendenten Kraft, die über das Gegebene hinaus das Mögliche erstrebt und damit auch Hoffnung spendet. So wird Gott eine Absicht und ein Plan zuerkannt, sodass jenseits alles Zufälligen ein Bogen von der fernsten Vergangenheit zu einer möglicherweise erlösenden Zukunft gespannt wird. So wird aus dem strafenden Gott ein solcher, der den dauerhaften Fortbestand in der Zeit verspricht. Gott ist die gesteigerte Projektion unseres *élan vital*. So leben wir von dem Versprechen auf Wachstum und Liebe, das unserer Geburt eingeschrieben ist, und von der Hoffnung, dass aus diesen Kräften sich die Ziele des vor uns Liegenden herausbilden und der Wille zur Dauer entspringt, der der Urbefehl alles Lebens ist.

Alles Lebende

Ein Hund, der verprügelt wird, misstraut fortan dem Menschen, vertraut sich aber dem an, der ihn nährt. Hunde sind fähig, Erfahrungen zu machen, und auch dazu, ihre Beziehung nicht nur zu einer einzelnen Person, sondern zu den Menschen überhaupt zu regeln. Gemäß der jeweiligen Stellung auf der Stufenleiter der Evolution entwickelt alles Lebendige ein Wissen, das es durch ein biologisch oder geistig organisiertes Gedächtnis anhäuft und das es zur Kommunikation befähigt. Von der Bakterie, die sich in Reaktion auf ein Antibiotikum verwandelt, von der Ameise, der Spinne, dem Vogel, der einen Ast zum Bau seines Nestes wählt, dem Biber mit seinen Biberburgen und -dämmen bis hin zu jenen Lebewesen, die einen Raum als ihr Lebens- und Jagdrevier abgrenzen – sie alle passen sich der Umgebung an und gestalten diese gemäß ihren eigenen Bedürfnissen. So verfährt auch der Mensch, auch wenn er, anders als alles andere Lebende, fähig ist, Erfahrungen zu sammeln, zu übertragen und sie in Sprache zu übersetzen; nur er vermag die Umwelt durch Technik und Kultur so sehr zu verwandeln, dass sie zu einer zweiten Natur wird, ähnlich dem japanischen Ringkämpfer, der die

Kraft des Gegners zu seinem eigenen Vorteil zu wenden weiß. In diesem Sinne schrieb Bacon: »Die Herrschaft des Menschen über die Welt hängt von seiner Kunst und seinem Wissen ab. Man besiegt die Natur nicht, es sei denn, man gehorcht ihr.« *Natura nisi parendo vincitur* (*Novum Organon*, Buch 1, 3, 1620). Es ist die Herr-Knecht-Logik. Sosehr sich auch das menschliche Handeln von dem der Tiere entfernt, so bleibt doch sein Antrieb dem alles Lebendigen gleich: die Welt sich und sich der Welt anverwandeln. Wissenschaft, Technik, Philosophie, Kunst, Religion, welches Handeln es auch sei, es reagiert auf die Umwelt aus Schutzbedürfnis oder um der geistigen und praktischen Kontrolle und Herrschaft willen. Wenn wir nun glaubten, die Natur zu beherrschen, so zeigt sie uns jetzt durch Klimawandel und Epidemien ihre Überlegenheit. Gleichwohl bleibt weiterhin der uralte Trieb zum Wissen wirksam, den die Menschheit mit allem Lebendigen (bis hin zu aggressiven Pilzen) teilt. Der Fortschritt von Wissenschaft und Technik befreit uns aber nicht von der Kreatürlichkeit, sondern bekräftigt sie vielmehr.

Gibt es eine menschliche Natur? Mancher verneint dies, geblendet durch jene zweite Natur, die die Menschheit aus sich heraus in den Formen der Kultur, der Zivilisation und der Geschichte hervorbringt. Durch die ganze Menschheitsgeschichte hindurch bleibt es indes dabei, dass wir ein Geruchsorgan haben, einen vertikal symmetrisch geformten Körper, ein sterblicher Zweifüßler sind und dass unsere Geschichte die eines vergänglichen Mängelwesens ist auf einer Erde mit ihrer eigenen Geschichte, innerhalb derer unser Wirken und unsere Anstrengungen nicht mehr als eine Randnotiz bilden.

In der Tate Gallery in London befindet sich ein großartiges, philosophisches Bild von William Turner, das den Titel trägt »Hannibal und sein Heer überqueren die Alpen«. Die Alpen mit Elefanten zu überqueren war eine historisch großartige Unternehmung, aber der Hauptakteur auf dem Bild ist ein ungeheurer Sturm, der die ganze Szene beherrscht; Menschen und Tiere, ein Gewimmel von Leid und Gewalt, sind reduziert auf eine kaum wahrnehmbare Variation von Felszacken.

Allenfalls könnte man sagen, dass Kultur und Geschichte zentraler Bestandteil und schöpferischer Ausdruck der menschlichen Natur sind, freilich ohne sie zu übersteigen oder hinter sich zu lassen. Der Gedanke, dass der Mensch seine Naturgebundenheit überschreitet, ist ein idealistischer Irrtum, der auch bei Marx auftaucht, trotz seiner materialistischen Grundeinstellung. Die Bibel liefert eine äußerst wirkmächtige Vorstellung dieses Gedankens, wenn dort zu lesen ist, Adam sei von Gottes eigenen Händen und nach seinem Bilde geformt, womit Adams Ursprung sich von allem anderen Lebendigen unterscheidet, das durch Gottes Wort entsteht. Schließlich ist auch festzuhalten, dass dieser Gedanke nach wie vor Bestandteil des menschlichen Selbstverständnisses ist, das in dieser Hinsicht nicht konsequent die kopernikanische Revolution der Überwindung des Geozentrismus verinnerlicht hat.

In *Eine Schwierigkeit der Psychoanalyse*, veröffentlicht im Jahre 1917 in Wien in der Zeitschrift *Imago*, fasste Sigmund Freud knapp die Traumata zusammen, die der wissenschaftliche Fortschritt dem menschlichen Bewusstsein bereitet. Die kopernikanische Wende hat dem spontanen Narzissmus Einhalt geboten, der den Menschen und die Erde im Zentrum eines unbewegten Universums verortete; Gleiches bewirkte Darwin, als er den Menschen in die Evolutionsgeschichte des Tierreichs eingliederte; schließlich hat die Psychoanalyse dem Narzissmus noch einmal Schach geboten, als sie das bewusste Ich seiner Herrschaft beraubte und es als in hohem Maße durch das Unbewusste gesteuert deutete.

Im Übrigen bleibt unser ganzes Symbolsystem ptolemäisch; das beginnt mit der Tatsache, dass wir auch als Einzelsubjekte ganz spontan »ptolemäisch« reagieren, indem wir die Welt aus einem persönlichen Blickwinkel wahrnehmen; dazu gehört weiterhin, dass wir die Zivilisationen und die Kultur, die wir hervorbringen und gestalten, jenseits unserer Instinkte wähnen; schließlich auch, dass wir so tun, als sei unser politischer Wille der Gestalter der Geschichte und als läge unser Schicksal in unserer Hand, wenn nicht äußere Widerstände dagegenstehen.

Die Ohnmacht des Narzissmus verbirgt sich tief in unseren Herzen. Einst war die Idee Gottes ihr voraus. Gott war »kopernikanisch« in dem Sinne, dass er das Zentrum bildete und wir außerhalb des Zentrums existierten; sein Wille entschied über Gut und Böse, über das Erlaubte und Verbotene; sein Gesetz, seine Güte und sein Urteil entschieden über das Leben. Wir hielten ihn und nicht uns für den Herrn der Welt.

> Ohne dein Zutun wurdest du geschaffen und geboren, ohne dein Zutun lebst und stirbst du, und auch wirst du nichts daran ändern können, dass du Rechenschaft wirst ablegen müssen vor dem König aller Könige, dem Herrn, dem Gelobten. (*Mischna Avot* 4,29)

Bei der Aufstellung des Prinzips der Widerspruchsfreiheit geht Aristoteles auf das Phänomen »Zeit« nicht ein, wohl aber dort, wo er den Übergang von der Potenz zum Akt reflektiert. Als Jugendlicher war ich von Parmenides und seiner quasi göttlichen Vision fasziniert, in der er einen ewigen Augenblick, eine fortwährende Gleichzeitigkeit, Alpha und Omega als vollkommene Einheit, außerhalb aller Zeit beschreibt. Ruhende Zeit als Zeitlosigkeit. Weder wusste ich, ob Parmenides es so gesagt hatte, noch, ob ich ihn begriff. Aber es gibt einen Bezug auf Parmenides in Platons Konzept des Ideenhimmels und auch im Prinzip der Widerspruchsfreiheit, in der die Zeit im Moment der Definition einer Sache ruht: A = A, die zeitlose Wahrheit der Tautologie. A bleibt A in seiner Unveränderlichkeit. Der Gedanke kehrt auch wieder bei Zenon von Elea, einem Schüler des Parmenides, und seinem Paradox von Achill und der Schildkröte. Jeder Augenblick für sich stehend ist ein Maß der Zeit, ohne selbst Zeit zu sein, vergleichbar mit der von Magritte gemalten Pfeife, die nicht eine solche, sondern nur deren Abbildung ist. Hegel schreibt der Zeit das dialektische Geschehen der Welt ein und greift damit in gewissem Sinne Heraklit auf, mit dem sich Aristoteles im fünften Kapitel des vierten Buchs seiner *Metaphysik* auseinandersetzt. All diese Theorien betreffen die Welt und das Dasein und mithin all das, was sich in der Zeit und im Raum, den wir bewohnen, ereignet.

Stellen wir uns stattdessen einmal vor, wir nähmen den Blick Gottes an, blickten also aus dem Jenseits der Zeit auf das sich ausdehnende Universum, vom Urknall bis zur Verflüchtigung ins immer Kältere, bis zum Kältetod des Universums, zum absoluten Nullpunkt, bis zum Verlöschen des letzten Sterns. Darüber hinaus vielleicht ein letzter Kälteschock, eine Kontraktion, in der das Universum zu einem Punkt zusammenfällt, vielleicht auch die Systole einer unmessbaren Hitze mit neuem Urknall, einer neuen Diastole, aus der erneut eine Raum-Zeit entsteht als Rahmen von Existenz. So sähe es Gottes

Auge von raumlosem Raum aus, denn dort (wenn von einem »dort« die Rede sein kann) gäbe es weder Raum noch Zeit, es sähe unermessliches, sich wiederholendes Pulsieren als einen Augenblick ohne jede Dimension. Gottes Auge ist Auge des Nichts, vom Nichts aus kommend, ohne Existenz, ein Nichts-Bereich.

Wenn sich das Universum ausdehnt, wohin dehnt es sich aus? Die Frage hat nur scheinbar Sinn; denn das »wohin« setzt einen Raum voraus, und es ist die Raum-Zeit des Universums, die in sich selbst den Raum entstehen lässt. Wir aber können uns die Entstehung von Raum nur im leeren Raum, in vollkommener Leere vorstellen. Das Nichts als Raum ist ein Paradox. Gäbe es einen »Ort«, also Raum und Zeit, so kann man mit Spinoza sagen, dass die Welt all das sei, was sich in Raum und Zeit ereignet; und dieses »alles« sei die Substanz, und die Substanz sei Gott; und dieses Ganze überschreite alles Einzelne, insofern die Totalität mehr sei als alle Teile. Darüber hinaus können wir nicht gehen, da wir über Raum und Zeit als Rahmen unserer Erkenntnisse und Erfahrungen nicht hinausgelangen.

Wissen ist Übersetzung

Die Wahrheit ist nicht die Wirklichkeit. »Wahrheit« kann nur bedeuten: eine in Worte gefasste und mit Sinn ausgestattete Wirklichkeit. Aber wir sind es, die sprechen und Sinn erkennen. Deshalb ist Wahrheit etwas in Sprache Übersetztes (sei diese auch abstrakt wie die Mathematik), durch manche Absicht geprägt (wenn auch nicht immer die der Erkenntnis). Deshalb ist »Wahrheit« nicht das Wahre. Lenken uns die Dinge auf ihre Bedeutung oder führt uns die Bedeutung zu den Dingen? Die Arbeit der Philosophen, Wissenschaftler und Künstler stellte oft das Selbstverständliche infrage, was dann später seinerseits etwas Selbstverständliches wurde. Große Entdeckungen, die das Weltbild erschütterten, wurden Teil des gesunden Menschenverstands. Die großen Gemälde der Impressionisten, die zuerst Empörung hervorriefen, gehören heute zum Kanon der Wohlanständigkeit. Um sie vor solcher Banalisierung zu schützen, malte Duchamp der *Mona Lisa* auf einer Ansichtskarte für Touristen einen Schnurrbart und einen Spitzbart. Und Warhol verwandelte die ikonische Marilyn Monroe in ein Serienbild.

Unser Bewusstsein ist kein leerer Raum, den die Erfahrung im Laufe des Lebens mit Vorstellungen füllt. Wie alle Lebewesen vollziehen wir Wahrnehmungen, aber als Menschen sind wir auch zur Reflexion über die Voraussetzungen von Wahrnehmung befähigt (die »Apperzeptionen«, von denen Leibniz sprach). Jedes mehrzellige Lebewesen ist mit Sinnen ausgestattet. Aber wir Menschen haben erkannt, dass es sich dabei um bestimmte Funktionen unseres Nervensystems handelt, die u. a. die Erfahrungen aus der Außenwelt filtern. So kehrt z. B. unser Gehirn ohne unser Zutun die Bilder um, die sich auf der Retina umgekehrt darstellen. Wir wissen, dass vorbewusste mentale Strukturen in uns am Werke sind, die die Erfahrungen gliedern und ordnen. Platon hypostasierte Wesensformen in einer Ideenwelt, die die Erfahrung als Erinnerungsbilder in uns aktiviert und dank derer wir zu Erkenntnissen gelangen; Kant sprach von »transzendentalen« Formen als Bedingungen a priori unseres Verstandes. Die Neurowissenschaften arbeiten diesbezüglich mit Versuchsanordnungen. Es gilt als vernünftig, davon auszugehen, dass wir die Dinge nicht an sich erkennen, sondern auf die Vermittlung durch die Sinne und die Strukturierung durch mentale Schemata angewiesen sind. Sosehr auch unsere Wahrnehmungsfähigkeit durch technische Hilfsmittel (Teleskope, Mikroskope, Teilchenbeschleuniger) gesteigert ist, so sehr gilt doch auch weiterhin, dass wir zur Erkenntnis nur durch »Übersetzung« gelangen.

Grammatik und Syntax der mentalen Schemata mögen wir erforschen, aber deren Ursprung bleibt uns verborgen. Wir erlangen immer mehr Wissen über unser Gehirn und seine Schichtungen im Laufe der geistigen Entwicklung, ohne die Frage beantworten zu können, warum es sich so entwickelt. Welche Anpassungs- und Reaktionsformen gibt es? Die Antworten hierauf bewahren etwas Rätselhaftes, ebenso wie die Welt selbst.

Habt ihr je die Dokumentarfilme gesehen, die zeigen, wie eine Löwin ein Zebra angreift? Das Heranschleichen des Raubtiers vor dem Zupacken, das Ausweichen, die Richtungswechsel bei Flucht und Verfolgung? – Das alles zeigt, dass beide Seiten instinktive oder intuitive Vorstellungen von Raum und Zeit haben. Kant nannte Raum und Zeit die reinen Formen sinnlicher Anschauung a priori. Aber auch ohne reine Vernunft haben die höher entwickelten Tiere ihre zerebralen Synapsen, sodass auf diese Weise auch Löwe und Zebra »kantianisch« sind. Was folgt daraus? Dass so, wie einst Prometheus das Feuer raubte, Kant dem transzendent Göttlichen die Bedingungen von Raum und Zeit entwendete und damit in einem aufklärerischen Akt der Säkularisierung den Menschen ermächtigte. In Anbetracht dessen, was soeben zu Löwen und Zebra (auf die Kant keinen Bezug nehmen konnte) festgestellt wurde, hat die Säkularisation den (biblischen) Unterschied zwischen Mensch und Tier nicht bestätigt, sondern eher abgeschwächt. Raum und Zeit zu kennen ist nicht der Stolz der Menschheit; vielmehr zeigt sich auch hier unsere Nähe zur Tierwelt. Unbewusst hat Kant die Erkenntnisse Darwins antizipiert, der ausdrücklich auf die Nähe zwischen Mensch und Tier hinwies. Und wenn diese Konsequenzen der kantischen Philosophie nicht ähnliche Ablehnung erfuhren wie Darwins Behauptungen, so lag das entweder daran, dass sie zu implizit blieben, oder daran, dass die Philosophen und die Gläubigen gegenüber dem Tierreich und dessen Erforschung zu ahnungslos und desinteressiert waren.

Erlösung

Der Sinn von Plänen erschließt sich uns durch deren Ziel. Was aber wäre der Plan Gottes? Im Judentum herrscht Gott zwar, aber sein Ziel ist eher bescheiden. Er will erkannt werden als die Instanz, die die Regeln für das Zusammenleben, für die Lösung der Konflikte in der Gesellschaft und unter den Völkern vorgibt. Er will, dass es einen Ort in der Welt gibt, an dem sich die Völker auf ihn beziehen können. Das Christentum dagegen hat den Finalismus auf die Spitze getrieben: die »Rede vom Letzten« (das *eschaton*) und die metaphysische Erlösung. Augustinus schuf hierfür die Voraussetzung, indem er das Essen vom Baum der Erkenntnis zur »Ursünde« erklärte, ein die gesamte Menschheit, von Generation zu Generation, prägender Makel. Mann und Frau werden schuldbeladen geboren und bedürfen deshalb der Erlösung. Es ist die Logik der Werbung: ein Bedürfnis konstruieren, um dessen Befriedigung anzustacheln. Es ist sozusagen die Geburt auf dem Marktplatz, die Religion als Anbieter, der Mensch als Nachfragender. Aber hatte nicht Jesus die Händler aus dem Tempel vertrieben? Gewiss, der Gedanke, dass die Schuld der Väter auf die Kinder übergeht, ist wirksam in der Geschichte; aber er ist auch eine moralische Perversion. Genau dies sagt der Prophet Hesekiel:

> […] Der Sohn soll nicht tragen die Schuld des Vaters, und der Vater soll nicht tragen die Schuld des Sohnes, sondern die Gerechtigkeit des Gerechten soll ihm allein zugutekommen. (Hes 18,20)

Jesus vertreibt die Händler aus dem Tempel (Joh 2, 13–16; Mt 21,12–13; Mk 11,15–17; Lk 19,45–46). Nur dort hat er je physische Gewalt geübt. Ansonsten bedient er sich der Worte, etwa dort, wo er den Kinderschänder mit einem Mühlstein um den Hals im Meer ertränkt sehen will (Mk 9,42). Wer also waren die Händler und Geldwechsler? Es waren jene, die Opfertiere verkauften und jenen Geld wechselten, die von weit her kamen und für diesen Kauf die gültige Währung benötigten. Die Tat Jesu richtet sich also weniger gegen die Händler, sie gilt vielmehr dem Opferritus, in welchem er ein Geschäft mit Gott sieht, einen Tausch von Gabe und Gegengabe, Opfertier und Gnade, eine Huldigung zwecks Gewinn von Handlungsfreiheit. Jesus handelt im Sinne der folgenden Worte des Propheten Jesaja:

> Was soll mir die Menge eurer Opfer?, spricht der Herr. Ich bin satt der Brandopfer von Widdern und des Fettes von Mastkälbern und habe kein Gefallen am Blut der Stiere, der Lämmer und Böcke. Wenn

> ihr kommt, zu erscheinen vor mir – wer fordert denn von euch, dass ihr meinen Vorhof zertretet? Bringt nicht mehr dar so vergebliche Speiseopfer! Das Räucherwerk ist mir ein Greuel. [...] lernet Gutes tun! Trachtet nach Recht, helft den Unterdrückten, schafft den Waisen Recht, führt der Witwen Sache [...] Weigert ihr euch aber und seid ungehorsam, so sollt ihr vom Schwert gefressen werden; denn der Mund des Herrn hat's geredet. (Jes 1,11–20)

Jesus steht für all diejenigen, die sich gegen Ungerechtigkeit und heuchlerische Auslegung des Rechts zu eigenem Nutzen auflehnen. Er hatte die Peitsche in die Hand genommen und wurde später selbst ausgepeitscht. Er war dazu bestimmt, an die Stelle des Tieropfers seinen eigenen Opfertod zu setzen. Einst war bei Isaak das Menschenopfer durch das Tieropfer ersetzt worden. Aber Jesu Opfertod betrifft nicht das Menschenopfer, sondern gilt der Anklage der Ungerechtigkeit unter den Menschen. Dass dann im Laufe der Geschichte im Namen seines Opfers immer wieder Menschen verfolgt, verbrannt und vernichtet wurden, gehört zur bitteren Ironie der Geschichte.

In der Grausamkeit seiner Hinrichtung begehrt Jesus gegen Gott mit den Worten aus Davids Psalm auf: »Mein Gott, mein Gott, warum hast Du mich verlassen?« (Ps 22,2) Wie Hiob, so ist auch er ein Gerechter, der bestraft wird, als wäre er schuldig.

Jene, mit denen Hiob spricht, sagen es ihm so: Wenn der Schuldige bestraft wird und leiden muss, so gilt auch, dass man leidet, weil man Schuld auf sich geladen hat, und Strafe folgt auf Schuld, denn Gott ist gerecht. Paradoxerweise geht hier die Idee des gerechten Gottes auf Kosten des gerechten Menschen. »Dein Wille geschehe«, sagt Jesus schließlich am Kreuz. So wäre also das Kreuz Ausdruck von Gottes Willen. Nach christlicher Lesart opfert der Vater seinen Sohn um des Heils der Menschheit willen. Wäre dem so, dann bürdete uns Gott eine unlösbare Verpflichtung auf. Das ist eine Logik der Ausbeutung mit dem Ziel der Beherrschung. Ein Vater, der seinen Sohn opfert und damit die Menschen in Haftung nimmt? Ich glaube, man kann sich eine anspruchsvollere Ethik des Himmels denken.

Der vor den Schrecken des Krieges in Libyen oder Syrien Flüchtende, der im eisigen Meer des Nachts um sich herum die Schreie der Ertrinkenden hört, weiß, was Rettung bedeutet. Das weiß auch der Krebskranke. Es weiß dies auch die vor dem Löwen fliehende Gazelle oder die Kakerlake, die überrascht wird, wenn wir plötzlich im Zimmer Licht machen. Aber was ist religiöse Rettung? Erlöst wovon? Fühlen wir uns als Geschöpfe, so wäre es die Erlösung vom Kreatürlichen. Als Schuldbeladene, von uns selbst, von unserer Existenz erlöst. Oder umgekehrt: vor dem Nichts und der Nichtung des Todes gerettet, befreit vom Schicksal unserer Endlichkeit. In der

Bibel ist die Rettung konkret: Gott rettet uns vor unseren Feinden, vor den geschichtlichen und natürlichen Katastrophen. Dann kommen die metaphysischen Projektionen der Angst vor dem Nichts und dem Verlangen nach Ewigkeit ins Spiel. Die Idee der Unsterblichkeit jeder Seele und der Auferstehung der Toten ist nichts anderes als Verlangen nach Leben und Verweigerung der Trauer. Das sind wirkliche und wirkungsmächtige, aber gleichwohl unsinnige Vorstellungen. Es sind Projektionen von Angst und Bedürfnis, Grundbedingungen unserer Existenz, von denen wir uns ins Zeitlose gerettet wünschen. Wie auch immer man über die Zeit und den Lebensweg des Daseins vom Nichts zum Nichts denkt, so gibt es doch Ewigkeit im Augenblick, nicht, weil er währt, sondern weil er außerhalb der Zeit in der Zeitlosigkeit des Seins ist, dem ebenso sichtbaren wie zufälligen Werden zum Trotz. Die Frage nach der Rettung stellt sich da nicht.

Was aber bedeutet dieses große *eschaton*, auf das der göttliche Plan als Ziel verweist? Das Aufwiegen von Gut und Böse, das Prüfen der Gerechtigkeit, ein allzu spätes Aufgreifen von auf der Erde vernachlässigten Pflichten. Das wäre die Reduktion des *eschaton* auf eine Rechtsfrage im Weltgericht. Genügt das, um Antwort zu geben auf die Frage nach Beweggrund, Ziel und Sinn des Universums?

Es ist unzureichend, aber gerade deshalb bewirkt es das Wunder der künstlerischen und geistigen

Schöpfungen eines Dante, Michelangelo, Bach. Zwei Impulse wirken hier, die durchaus den elementarsten und alltäglichsten Bedürfnissen nahe sind: die Unsterblichkeit der Seele und die Offenheit des Letzten Gerichts. Man denke auch an Cézanne, der die Malerei neu erfindet, indem er nicht einen Gegenstand abbilden will, sondern seine eigenen Wahrnehmungen von Farben, Linien und Schattierungen auf die Leinwand bringt, sodass, aus einer neuen phänomenologischen Entdeckung heraus, die Alltäglichkeit einiger Äpfel auf einem Küchentuch eine eigene Würde gewinnt.

Plan

»Wo warst du, als Ich die Erde gründete?«
(Hiob, 38,4)

Folgt die Welt einem Plan? Hat sie einen Plan? Ein Bündel von Plänen. Die Idee eines Plans, eines auf ein Ziel gerichteten Vorgangs, ist heute der wissenschaftlichen Forschung zuwider. Wenn Religion und Theologie den Sinn der Welt als Gottes Plan deuten, so handelt es sich um ein teleologisches Relikt. Gott dient nicht nur als Erklärung für das Vorhandensein der Welt, sondern auch als ihr Sinn und ihre Bestimmung. Dass die Religion solche Vorstellungen entwickelt, ist erneut menschliche Projektion; denn all unser bewusstes Handeln ist zielgerichtet. Und deuten wir nicht auch unbewusste Äußerungen wie z. B. Sprachverstöße oder Versprecher als bedingt durch Motive des Unterbewussten? Der Sinn der Dinge liegt in ihrem Zweck: Was stellen sie dar, was sagen sie uns, worauf wollen sie hinaus? »Sinn« ist raumorientiert, impliziert die Richtung auf ein Ziel. Was auch immer wir unternehmen, wir tun es, um etwas zu erreichen, selbst wenn dies nicht bewusst ist. Wenn also die Welt als eine Schöpfung gedeutet wird, so verfolgte der Schöpfer einen Plan. Er wollte mit der Welt, oder über sie hinaus, ein Ziel erreichen.

Können wir uns dieser Vorstellung allein schon deshalb entledigen, weil sie zweifelsfrei eine unserer üblichen Projektionen auf das metaphysische Jenseits ist, wo wir wie gewohnt Gott verorten? Immerhin gibt es in der Natur zielgerichtetes Handeln, das sich nicht unmittelbar auf das Ziel richtet, sondern Umwege wählt, die einen Abstand schaffen zwischen dem Verlangen und dem Erreichen des Ziels. So muss sich z. B. bei der Löwin erst der Hunger melden, damit die Gazelle, die ihr sonst gleichgültig wäre, ein erstrebenswertes Objekt wird. Das hungrige Raubtier plant den Hinterhalt. Es berücksichtigt die Umstände, das hohe Gras und das Gebüsch, in dem es sich versteckt. Die Pflanzenfresser planen ihre Wanderung zu Weideland und Wasserquellen. Weshalb sollte man ausschließen, dass diese Spannung zwischen Bedürfnis und seiner Befriedigung im Hirn der Tiere eine Konfiguration herstellt, eine Art von planendem Denken? Die ganze belebte Welt kennt solch absichtliches Handeln. Die Spinne webt ihr geometrisches Netz, um Beute zu machen. Natürlich kann man sagen, dass das Weben des Netzes kein geplantes Handeln, sondern Mechanik des Instinkts ist. Aber die Spinne wählt den Ort, wo sie ihr Netz spannt, und diese Wahl folgt nicht unbedingt einem Automatismus. Sie ähnelt vielmehr einer überlegten Handlung. Und wenn die Anführerin der Elefantenherde, einem Hirten vergleichbar, den Weg zum Wasser wählt, so weiß sie in der Gegenwart, was sie in der Zukunft anstrebt. Viele Lebewesen entwickeln Handlungsweisen, die Mittel sind für das Erreichen eines Zwecks. Die Natur kennt zahlreiche Prozesse, die Ähnlichkeit mit planvollem Handeln haben. Im vegetabilen Bereich liefert der Nadelbaum ein archaisches Beispiel: Zu seiner Reproduktion setzt er ganze Wolken von Blütenstaub frei. Die Erfindung der Blumen ist ein energiesparender technologischer Fortschritt. Es ist eine geniale Übereinkunft mit den behaarten Insekten wie Bienen und Hummeln. Die Blume verführt das Insekt mit ihrem Duft, ihren Farben, vor allem aber mit ihrem Nektar, der bei der einzelnen Pflanze ein Überschuss an Energie ist. Das Insekt fliegt in den Blütenkelch, berührt die Staubblätter und sammelt so den Blütenstaub; und wenn es dann in eine andere Blüte fliegt, berührt es den klebrigen Stempel und befruchtet ihn mit dem Blütenstaub. Beim Salbei befindet sich der Stempel auf einem Stiel, den der Kopf des Insekts beugt und so die Bestäubung ausführt: meisterliche Pollen-Sparsamkeit im Vergleich zum Nadelbaum. Ein Tausch, eine Kovergenz der Interessen findet auf diese Weise statt: Ich gebe dir den Nektar, der für dich wichtiger ist als für mich, und du verbreitest meine Pollen, die für meine Spezies und deren Erhalt entscheidend sind. Und die Frucht, die daraus entsteht? Ein weiteres technologisches Wunder: Die Frucht weckt das

Interesse des Tiers, das sie verzehrt und das mit seiner Ausscheidung düngt und den Samen der Frucht im Raum weiter verteilt. Und das Umwerben? Die verschiedenen Arten haben ihre Weisen, vielleicht »mechanische«; berühmt aber ist die Nachtigall mit den ihr eigenen Variationen des Gesangs. Das Geschlecht ist ein Beispiel für die Heterogenität der Zwecke. Die Tiere paaren sich aus Trieb und Lust; das Trächtigwerden ist ein unbewusster Nebeneffekt. Die Logik der Arterhaltung besagt eigentlich das Gegenteil: Die Lust der einzelnen Tiere dient der Vermehrung der Gattung. Das Einzelne vertritt die Gattung, die Gattung sichert den Fortbestand. Seitdem die Menschen den Zusammenhang von Paarung und Schwangerschaft begriffen haben, deuten die patriarchalen Religionen das Eindringen des Mannes als absichtliches Handeln zum Zwecke der Schwängerung der Frau. Sie haben die Lust unter Verdacht gestellt und sich der Logik des Gattungslebens verschrieben: *wachset und mehret euch!* Warum? Weil die Religion die Hoheit über den Sinn beansprucht, der seinerseits zweckorientiert sein soll, und weil der Zweck des Geschlechtsakts die Fortpflanzung ist. Die sinnlichen Triebe sind diesem Zweck unterzuordnen und sollen keinen Wert in sich selbst haben. Allein der Zweck heiligt die Mittel. Eine Zweckethik. Da nun Gott der Fluchtpunkt aller Sinne und Zwecke ist, ordnet sich die Religion selbst in diesen Funktionalismus ein, durchaus in Übereinstimmung mit der Gattungslogik, so als sei sie Gottes Befehl. Aber dieser Finalismus ordnet jede Funktion einem Ziel unter, sodass alles Einzelne sich nur als Mittel zu einem Zweck rechtfertigen kann. So werden Finalismus und Utilitarismus eins. Und Gott selbst steht nicht mehr für sich, wird selbst ein Mittel und dient dem Zweck der Auferstehung. Es ist ein technologisches Konstrukt, das nicht zu Lasten der Technologie, sondern zu Lasten der Religion geht.

La Fontaine stellt in seiner Fabel die Frage, wer recht hat, die Grille oder die Ameise. Die Grille denkt an den Genuss des Augenblicks, die Ameise sammelt Vorräte. Die Fabel projiziert ein menschliches Problem auf das Tierreich, gewiss. Aber ließe sich nicht auch umgekehrt sagen, dass auch in unserem Gehirn Verhaltensmuster wirken, die in allen Lebensformen begegnen? Sie wirken bei uns auf so subtile Weise, dass es uns, unserer selbst bewusst und hochmütig wie wir sind, schwerfällt, unsere Nähe zu den anderen Lebewesen anzuerkennen, und dies gerade auch dann, wenn sie von uns sehr verschieden sind. Neueste Studien zur Intelligenz der Tintenfische und ihrer Fähigkeit zu Täuschungsmanövern und zum Spiel könnte manchen Liebhaber von Meeresfrüchtesalat verlegen machen. Ein ausgeprägter Interessenkonflikt hindert uns daran, die Intelligenz anderer Lebewesen zu erkennen. Sie für dumm zu halten erleichtert es uns, uns ihrer zu bedienen und sie auszubeuten. Es nützt uns, sie für bloße Sachen zu halten: Beim Beefsteak denken wir nicht an das Rind. Vor allem aber aus Eifersucht wollen wir manche unserer Gattungseigenschaften nicht mit anderen Spezies teilen. Der Hochmut unseres Verstandes hat manche schwachsinnige Reaktion auf Darwins Theorie und seine vergleichenden Studien zur Verwandtschaft unter den Lebewesen hervorgebracht, damals und heute noch. Sowohl bei den religiös als auch bei den laizistisch geprägten Menschen bleibt der Anthropozentrismus zusammen mit religiösen Paradigmen (wie sehr diese auch verdrängt sein mögen) wirksam. Nach dem Bilde Gottes seien wir geformt, oder, weltlicher gesprochen, Geschöpfe von Kultur und Geschichte, und nicht Teil der Tierwelt. Auch wenn die archaischen Götter oft Tiergestalt hatten, oder gerade deshalb, weil sich die Religion und die Kultur von der Rohheit der primitiven Mythen befreit hat.

Vielleicht sehen wir in der Natur einen Plan am Werke, und zwar deshalb, weil wir unser Planen aufgrund der anthropomorphen Perspektive auf die Tierwelt projizieren. Oder, genau umgekehrt (und dies erscheint mir als noch wichtiger), unsere planende Vernunft rührt von einer entsprechenden Disposition allen Lebens. Allenfalls heben wir Menschen diese Disposition auf die Ebene von Bewusstsein und Willen, woraus wir dann folgern, dies seien die Voraussetzungen für planendes Handeln, das damit zu einer nur uns zukommenden Fähigkeit wird. In der Folge tauchte dann der Zweifel auf, ob unsere

Entscheidungen und Handlungen wirklich durch Bewusstsein und Vernunft begründet seien. Man entdeckte, dass wir selbst in eine vorbewusste Struktur eingebunden sind; denn wir werden durch die Doppelhelix in unseren Zellen programmiert. Ihr gehorchen wir, sodass unser freier Wille sich auf ein Flattern in ihr reduziert, weit entfernt von unserem Bewusstsein, aber eingespannt in die Logik unserer eigenen Biologie.

Vom Ei zur Larve zur Verpuppung bis zum ausgebildeten Insekt verläuft die Sequenz, derer es unzählige Beispiele in der ganzen vegetabilen und animalen Welt gibt. Und da wir aus unserer Perspektive wahrnehmen, haben wir lange Zeit geglaubt, unser Lebensverständnis gelte für alles – die Mythen zeugen davon – und zwischen uns und dem Universum bestehe ein mikro-makrokosmisches Spiegelverhältnis. Nachdem dann der Animismus überwunden war, demzufolge alles Leben auf unser Leben bezogen war, entdeckten wir, dass das uns bekannte Leben im Universum nur ein Nischendasein fristet, vielleicht ein *hapax legomenon*, eine Singularität, oder nicht einmal dies, sondern nur ein Schimmern am Rande eines kleinen Sterns in einer Galaxie unter Milliarden Galaxien. Und jenseits der vielen, allgegenwärtigen Schichten der mineralen Natur haben wir gehofft und uns vorgestellt, ein Gegenüber als einen Schöpfer zu finden, der die Welt mit mächtigen, aber uns vertrauten Mitteln erschaffen hat.

Prozesse

Die Religionen, die Gott als bewusstes und denkendes Subjekt deuten, gehen davon aus, dass das Universum aus Gottes Wissen entsteht und von ihm geplant wurde. Ein solcher Plan setzt eine Absicht, ein zu erreichendes Ziel voraus. Die Verfahren, es zu erreichen, sind vom Ziel her gedacht. Das Ziel geht der Ausführung voraus. Es ist der Beweggrund der Handlungen der Weltschöpfung. In der Natur, denke ich, läuft es so nicht ab. Sollte etwa die Salbeipflanze ihre Blütenstängel als Balancierstange planen, um auf diese Weise die Bestäubung durch das Insekt zu fördern? Sicher nicht. Die Selektion hat die Form des Blütenstängels sich so entwickeln lassen, dass er seine Funktion wirksam ausüben kann und dabei die Pollen so einsetzt, dass das Insekt auf der Suche nach dem Nektar optimal kooperieren kann. Wenn eine Spezies einen Zustand relativer Effizienz und Stabilität erreicht hat und vielleicht sogar zur physisch-morphologischen Selbsterhaltung gelangt, so bedeutet dies, dass möglicherweise sogar sehr heterogene, der Spezies selbst innewohnende oder auch äußere Faktoren in Transformationsprozessen zusammengewirkt haben. Wenn dieses Bündel an Faktoren derart komplex ist, dass sie nicht nur die Spezies prägen, sondern auch untereinander wirken, dann kann man von Kausalität sprechen. Es fällt uns schwer, auf die Idee der Kausalität zu verzichten, denn sie lässt uns glauben, dass der Zufall mehr ist als ein Bündel von ineinandergreifenden Ursachen, das wir nicht zu entwirren vermögen. Auch das menschliche Gehirn enthält ein ganzes Netz von Korrelationen, sodass jeder Versuch, die einzelnen Teile in ihrer Wirkungsweise zu bestimmen, immer wieder neue Erörterungen provoziert.

Im Sinne Darwins können wir davon ausgehen, dass eine Spezies ihre Gestalt gewinnt, wenn die Veränderungen in den Zellstrukturen ein gewisses Gleichgewicht erlangt haben und sich so eine Form herausgebildet hat, die sich selbst erhalten, reproduzieren und vermehren kann. Man könnte die so entstandene Form als das Ziel eines Prozesses deuten, der seinerseits in etwa einem Plan folgt. Aber das wäre eine *a posteriori* konstruierte Logik, die einem eindeutigen Ergebnis (den Eigenschaften der Spezies) entspräche. Diese Vermutung, so glaube ich, gehorcht der Tatsache, dass wir von unserer finalistisch-planenden Denkweise ausgehen, derzufolge alle Handlung der Verfolgung eines Zieles dient. Es ist der auf das Nützliche hin orientierte technologische Verstand, der so wirksam ist, dass die »unnützen Maschinen« eines Enzo Mari uns verblüffen, da sie den Sinn der Technologie umkehren. Die Maschinen sind Vorrichtungen, deren Sinn darin besteht, etwas Nützliches hervorzubringen. Die »unnützen Maschinen« hingegen verlagern den Akzent vom Zweck fort auf das Getriebe selbst, verwandeln es in ein Spiel der Bewegung ohne Ziel und zeigen Übertragungen von Zahnrädern, vertikal oder horizontal, ein Spiel der ziellosen Verknüpfungen, eines mechanischen Funktionierens ohne anderen Sinn als den der eigenen Bewegung. Wenn wir die von Leonardo entworfenen Maschinen betrachten, so können wir uns hier bereits vorstellen, dass sie keinen Nutzen haben müssen, sie also auf ihre Weise »unnütze Maschinen« sind. Man könnte geneigt sein, dies auf das Universum zu übertragen und es als ein mächtiges Spiel der Verknüpfungen, als eine riesige »unnütze Maschine« zu betrachten und dabei Gott nicht länger als einen ernsthaft auf sein Tun konzentrierten, planenden und Zwecke strukturierenden Alten zu sehen, sondern vielmehr als einen *deus ludens*, ein spielendes Kind mit der unschuldigen Grausamkeit der Kinder.

Aber wir sind Erwachsene, und die finalistische Logik ist tief in uns verwurzelt und befähigt uns wie keine andere Spezies, das Zukünftige zu denken und in diesen Raum verschiedene Ziele zu projizieren, die unterschiedlichen Zwecken dienen.

Wir sind in der Zwecklogik gefangen und glauben, dass das Ziel der Antrieb für das Handeln sei. Es ist eine Logik des Planens, die nur kurze Reichweiten kennt und typisch ist für uns Menschen. Es liefe auf eine völlige Umkehr hinaus, sich eine Welt ohne Finalität vorzustellen, in der alles nur so wäre, »wie es der Fall ist«.

In der Natur hingegen liegt meiner Meinung nach die Ursache des Resultats im jeweiligen Vorgang, wenn wir als »Resultat« eine Situation definieren, in der ein zeitlich relativ dauerhaftes Gleichgewicht erreicht ist (wie es z. B. für die Spezies im Tier- und Pflanzenreich gilt). Zwischen dem gedanklichen *Projekt* und dem natürlichen *Prozess* der Transformation vollzieht sich eine Umkehr von Ursache und Wirkung: Im Projekt ist das zu erreichende Ziel der Beweggrund, also die Ursache, und das entsprechende Verfahren, es zu erreichen, seine Wirkung; dagegen ist im natürlichen Transformationsprozess dieser die Ursache und das Ergebnis ist die Wirkung, wobei das Ergebnis lediglich ein vorübergehendes Stabilitätsmoment des Prozesses darstellt. Im geplanten Projekt verläuft das zielgerichtete Verfahren in der Regel linear; die Transformationsprozesse in der Natur betreffen hingegen ein ganzes Bündel heterogener (biologischer, chemischer, kontextgebundener) Faktoren. Das Projekt setzt ein reflektierendes Subjekt voraus, das es in den natürlichen Transformationsprozessen nicht gibt. Das Projekt ist zielorientiert, der Naturprozess nicht, und dies auch dort nicht, wo wir, wie bei der DNA oder dem Sich-Ausbreiten einer Spezies, dies wahrzunehmen meinen. Wir neigen dazu und haben auch die Fähigkeit, Impulsrichtungen umzukehren, wie es Feuerbach mit Bezug auf religiöse Vorstellungen erklärt: Wir glauben, nach dem Bilde Gottes geschaffen zu sein, wohingegen unser Gottesbild von uns selbst geformt wird. So verwechseln wir den »intelligenten Plan«, dem unser bewusstes Handeln folgt, mit dem in der Natur ablaufenden Prozess. Wenn eine Transformationskurve auf der Ebene einer relativ dauerhaften und stabilen Situation verharrt, z. B. als Spezies, so nehmen wir das als das Ergebnis der Transformation, obwohl es sich nur um eine Phase ihres Ablaufs handelt. Das Projekt findet seinen Antrieb im erstrebten Ziel; in den biologischen, aber auch in den historischen Transformationen bildet das Resultat nur eine vorübergehende Konstante. So bedeutet Politik »Projekt«, Geschichte hingegen »Prozess«. Im historischen Prozess spielen natürlich Pläne und subjektive Entscheidungen eine Rolle, sind aber insgesamt nur ein Randphänomen eines Vorgangs, der über die Intentionen der Menschen hinausgeht.

Im Wechselspiel des Lebens sind die Gattungen Zustände relativen Gleichgewichts, das sich zu perpetuieren trachtet. In der Geschichte streben die Zivilisationen dauerhafte Ordnung und Selbsterhaltung an. Geologen, Paläontologen, Archäologen, Darwinisten und selbst Historiker suchen nach Langzeitstrukturen. Sie suchen Schichtungen, rechnen nach Zeitaltern. Auf ähnliche Weise folgten die Mythen ihrer poetischen Intuition, wenn sie von verschiedenen Zeiten der Weltgeschichte erzählten. Dabei handelt es sich nicht um linear oder zirkular verlaufende Perioden, sondern vielmehr um diskontinuierliche Abläufe, die sich dauerhaft oder wechselhaft, z.T. auch katastrophisch vollziehen. Stellte man es grafisch dar, so wäre es ein Linienspiel teils kontinuierlicher, teils sprunghafter Verläufe. Das Auftauchen der Dinosaurier war eine Revolution, und sie lebten ungefähr 130 Millionen Jahre. Nach dem verheerenden Aufprall des Asteoriden Yucatán (vor 65 Millionen Jahren) verschwanden die Dinosaurier, aber nicht ohne Spuren in der Vogelwelt zu hinterlassen. Das Auftauchen der Säugetiere signalisierte erneut eine Revolution, die bis heute andauert. Die Menschheit, die sich seit ca. zwei Millionen Jahren auf der Erde ausbreitet, durchläuft historische Stadien, wobei jeder Übergang von einem zum nächsten Stadium mit dem Untergang der alten und der Bildung neuer Zivilisationen verbunden ist.

Eingebunden in die laufenden Ereignisse, überschätzt man die eigenen Absichten und Pläne, bewegen sie sich doch im begrenzten Horizont des individuellen oder sozialen Rahmens. Aber wir können uns einen Blick von außen vorstellen, der die Prozesse ganz neutral im unbeständigen Verlauf und ohne jede subjektive Sinngebung wahrnimmt.

»Sinn« impliziert eine Orientierung auf ein Ziel hin. Ein Wort hat Sinn, wenn es auf eine Bedeutung verweist oder zumindest Ausdruck eines Mitteilungsbedürfnisses ist. Auch das vorsprachliche Wimmern hat Sinn, ist auf ein Ziel gerichtet, z. B. jenes, auf den Arm genommen oder gestillt zu werden. Die Kategorie »Sinn« ist finalistisch. Unser Leben hat Sinn, solange wir uns Ziele setzen, die auch auf das Leben selbst gerichtet sein können in der Sicherung der lebensnotwendigen Bezüge. Das Universum ist ein Raum, auf den wir Sinn projizieren. Die Idee, Gott habe das Universum erschaffen, entspringt unserem Verlangen nach Sinn. Aus der Erfahrung, dass unsere Zielsetzungen und Pläne schwankend, begrenzt und sogar bedeutungslos sein können, sodass der Sinn des Ganzen aus dem schütteren Netz unserer Möglichkeiten ganz verschwindet – aus dieser Erfahrung klammern wir uns an die Vorstellung, dass es doch irgendwo Sinn gebe. Und wir trösten uns mit der Idee, dass der Sinn des Ganzen zwar in einem unzugänglichen Jenseits verborgen sein mag, uns aber doch irgendwie entspräche. Da Sinn für das Leben unverzichtbar und unsere geistige Existenz auf ihn ausgerichtet ist, versichern wir uns seiner durch die Gottesidee und beheimaten bei Gott den Sinn des Ganzen.

Vorläufiges Fazit

Donner und Regen, Leben und Tod. Schicksalsschläge, Mächte, die uns überwältigen – solches und anderes Unbegreifliche lässt das Heilige entstehen. Mit ihm antworten wir auf die Urangst vor dem Unerklärlichen, es speist die Hoffnung auf Erlösung, und dort liegt der Ursprung der Religionen. Das Heilige ist nicht mit der Religion identisch, vielmehr deutet und manipuliert die Religion das Heilige. Jedes Ereignis verlangt nach Erklärung seiner Ursachen; die Kausalität ihrerseits gehört zum prüfenden Verstand. Insofern das Göttliche als Ursache der Welt und allen Geschehens genommen wird, ist es selbst Prinzip aller Gründe, gewinnt damit logische Bedeutung und begründet das Sein und das Dasein. In ihrer Entwicklung hat die Gottesidee entweder das Heilige, das Unerklärliche und Überwältigende in sich einbeschlossen oder sie von alldem befreit. In ihrer Allmacht und Unbegreifbarkeit repräsentiert Gott das Heilige selbst; aber als höchste Ursache, als Weltschöpfer und Weltenlenker, trotzt er zugleich unserer Angst vor dem Heiligen, zumal er das Licht der ursächlichen Erklärung in die Dunkelheit trägt. Die Idee des Schöpfergottes verwandelt das ungelöste Rätsel in eine Logik der Deutung, zu der wir Zugang haben. Die Verquickung von Gut und Böse, von Leben und Tod wird durch sie einer richtenden und rechtfertigenden Vernunft zugeführt. So wie die Medizin sich mit Krankheit auseinandersetzt, so die Religion mit dem Heiligen – um der Heilung willen. Die Religion bändigt das Heilige und bringt es auf menschliches Maß. Das dunkle Chaos der unendlichen Möglichkeiten einer fremden Allmacht verwandelt die Religion in Rituale, Formen, Figuren, Erzählungen, Mythen, Begriffe, Gesetze und priesterliche Verwaltung. So wird die göttliche Instanz zum Adressat von Hoffnung und Gebet, Vertragspartner und Erbringer von Gegenleistungen für Opferhandlungen.

Als allgemeine Erklärung der Welt bietet die Gottesidee einen Ausgleich für die noch fehlenden Analysen und Erkenntnisse. Zwischen dem 17. und 18. Jahrhundert beginnen die Naturwissenschaften, ausgestattet mit neuen technischen Vorrichtungen und mit experimenteller Methodik, die Erforschung der Einzelphänomene voranzutreiben. Kepler und Galilei entdecken mit ihren Teleskopen bis dahin unbekannte Himmelskörper und deren Umlaufbahnen. Van Leeuwenhoek entdeckt dank Mikroskop die Bakterien und die Samenzellen, Harvey den Blutkreislauf und die Herzfunktionen, Newton und Leibniz erfinden das Infinitesimalkalkül. Die neuen Wissenschaften erobern in dieser Zeit des Umbruchs den Deutungsraum, während die Scholastik mit ihren Argumenten und Behauptungen zum Rückzug gezwungen ist, freilich nicht ohne verbissen Widerstand zu leisten hinter den Schutzwällen der Religion, der Institutionen, der akademischen Körperschaften und der etablierten Meinungen. Bei Giordano Bruno, Gian Battista Vico und David Hume werden die religiösen Lehrsätze zu Forschungsobjekten, an denen sie den menschlichen Verstand und menschliche Verhaltensweisen untersuchen. Mit alldem musste die Gottesidee fertig werden. Es blieb ihr das Thema der Erörterung der Totalität; für Einzelphänomene welcher Dimension auch immer lieferte fortan die Wissenschaft die Erklärung. Drei Wege sind der Gottesidee gleichwohl geblieben: jener der absoluten Transzendenz, jener ganz andere des religiösen Pathos und des menschlichen Innern, und schließlich jener der totalen Immanenz, Spinozas *Deus sive natura*, die Totalität des Realen, die begriffen werden könnte als Transzendenz der Totalität, als Transzendenz der totalen Immanenz.

All dies verweist auf den Prozess der Säkularisierung, die sich mit der Gottesidee auseinandersetzt, nicht, um sie zu negieren, sondern eher, um sie zu kommentieren; das ändert freilich nichts daran, dass die Autorität und die Wirksamkeit der Religion abnimmt. Wenn nun die Religion die Zähmung des Heiligen, die Minderung des Schreckens vor dunklen Naturgewalten und den Mächten der Geschichte bewirkt, so bewirkt nun anders herum der Geltungsverlust der Religion eine untergründige Wiederbelebung der Empfänglichkeit für das Heilige, die Beunruhigung über den Kontrollverlust ebenso wie einen Kontrollzwang: Es findet sozusagen eine Überbewertung der Wissenschaft statt, sie ersetzt die Religion, zumal dort, wo sie die unbegrenzte Erkennbarkeit der Welt propagiert und alles Wirkliche nur noch als Forschungsgegenstand ernst nimmt. Hierher gehören auch der ideologische Fundamentalismus, die politischen Heilslehren, die Wiederkehr des Nationalismus, des Rassenwahns und einer aggressiven politischen Theologie.

Das Motto, das Goya dem berühmtesten seiner Kupferstiche gab, *El sueño de la razón produce monstruos* (»Der Traum der Vernunft bringt Monster hervor«), lässt sich aufgrund der doppelten Bedeutung von *sueño* als »Schlaf« oder »Traum« auf zweierlei Weise interpretieren. Schläft die Vernunft, dann wachen die Albträume des Aberglaubens auf, oder aber die sich allmächtig wähnende (»träumende«) Vernunft gebärt ihrerseits Ungeheuer. Die Totalitarismen des 20. Jahrhunderts produzierten erschreckende Beispiele des technisch Machbaren und versetzten dabei die Menschenrechte und überhaupt die Werte der Aufklärung in einen Tiefschlaf.

Wir leben heute in einer fließenden Situation. Das ist mehr als nur eine Metapher. Die mentalen Paradigmen lösen einander ständig ab, wie etwa in der

Physik die Festkörperphysik einerseits, die Mechanik der Flüssigkeiten andererseits.

Die Festkörperphysik gründet auf der Proportionalität von Ursache und Wirkung. Trifft ein Körper auf einen anderen, so verursacht er dessen Verlagerung gemäß der auf ihn einwirkenden Kraft: je größer oder geringer die Kraft, desto größer oder geringer die Wirkung. Im Flüssigkeitsparadigma hingegen herrscht Disproportion zwischen Ursache und Wirkung. Das Modell der Proportionalität ist das Zahnrad als Ikone der Industrie; das Modell der Disproportion ist stattdessen der Kreislauf der Elektronen, bei dem die fortschreitende Verkleinerung der Teile immer größere Kräfte freisetzt. Mitte des vergangenen Jahrhunderts hatte bereits die Atombombe auf schreckliche Weise diesen Paradigmenwechsel offenkundig gemacht. Das winzige Atom setzte maximale Verwüstung in Gang. *Poca favilla gran fiamma seconda* (»aus kleinem Funken wird großes Feuer«) (Dante, Par. 1, 34).

Die auf der Verhältnismäßigkeit von Ursache und Wirkung gegründete Rationalität erlaubt, gemäß logischer Folgerung, die Erklärung vieler Phänomene und ermöglicht präzise Vorhersagen. Der Kausalnexus in der Festkörperphysik war Bestandteil des Positivismus. Von hier aus glaubte man an die logische Beherrschung der Realität, ein optimistisches Phantasma der Steuerung des menschlichen Schicksals. Menschliche Selbstbestimmung trat so an die

Stelle göttlicher Vorsehung. Je mehr der Mensch Wissens- und Machtansprüche, Deutungshoheit und Zukunftskompetenz sich anmaßt, desto weniger benötigt er einen Gott als unerreichbare Wesenheit, bei der er Antworten auf das Unerklärte und Unerklärliche sucht. Von solcher Suche lebt die Religion; sie herrscht in der Vorstellungswelt des Rätselhaften. Gott ist ein Paradox, der Unerklärliche, der alles erklärt.

Der Fortschritt des Flüssigkeitsparadigmas und die damit einhergehende Einschränkung des Kausalnexus (beides gilt auch für Biologie und Genmanipulation) lassen nun aber an die Stelle der prognostischen Kompetenz von Mechanik und Determinierung Ungewissheit und Unbestimmtheit treten. Das gilt nicht nur für die Wissenschaften, sondern auch für alltägliche Wahrnehmungen, so etwa die Wettervorhersagen, die wahrscheinliche, aber nicht sichere Prognosen zu Wind- und Temperaturverhältnissen liefern können. Es gilt weiterhin für globale Phänomene, aber auch für solche im subatomaren Bereich. Klimawandel, Migrationsströme, Finanzströme, Pandemien – das alles ist schwer vorhersehbar. Alles fließt, wechselt seinen Stellenwert. Ein Faktor, den man zuerst für nebensächlich hielt, ruft plötzlich ebenso ungeahnte wie überwältigende Wirkungen hervor. Oder umgekehrt: Eine die ganze Welt in Aufruhr versetzende Tatsache verschwindet, ohne dass man weiß, ob sie wiederkommt oder nur temporär in den Hintergrund getreten ist. Diese systemische Ungewissheit erzeugt eine Unsicherheit, die einer Regression zu elementaren Ängsten und damit auch zum Heiligen Vorschub leistet. »Nur noch ein Gott kann uns retten«, sagte Heidegger. Ein Gott, der uns retten könnte vor der unausweichlichen Entropie und damit vor Chaos und Heiligem?

Ein Paradigma löst das andere nicht vollständig ab. Als Metapher könnte man das Hin und Her des Körper-Flüssigkeits-Modells bemühen (oder die zweifache Eigenschaft des Elektrons, zugleich Welle und Teilchen zu sein). Beide Paradigmen leben fort in den Köpfen ebenso wie in der Außenwelt. Es mag ein zeitweiliges Übergewicht des einen Modells gegenüber dem anderen geben. Das Modell des Kausalnexus hat in der Neuzeit die Säkularisation vorangetrieben. Seine sowohl empirische als auch wissenschaftliche Plausibilität hat eine Demokratisierung des Wissens und eine Steigerung des individuellen Bewusstseins bewirkt. Es hat uns in der Annahme bestärkt, dass wir aufgrund der gegenwärtigen Verhältnisse die Zukunft planen könnten. Es erschien legitim, den Laizismus der sozialstaatlichen und liberalen repräsentativen Demokratie und ihrer Institutionen als Sieg der Vernunft zu betrachten. Das komplexe Flüssigkeitsparadigma hingegen, bei dem der Ursache-Wirkung-Nexus weder linear noch proportional ist, vermittelt eine uneindeutigere Wahrnehmung der Wirklichkeit. Hieraus entspringt die Neigung, einer rätselhaft werdenden Technik und Wissenschaft oder einer kurzfristig Lösungen verheißenden Parteiung oder Person Entscheidungsbefugnisse zuzubilligen. Dieses Paradigma, das sowohl philosophisch als auch wissenschaftlich gesehen als das zeitgemäßere zu betrachten ist, verweist paradoxerweise auf Wahrnehmungsformen, wie wir sie aus der alten Welt kennen. Das Unbestimmte, Unermessliche, Unverhältnismäßige schrieb man in der Antike dem Heiligen zu und damit der Religion, deren Aufgabe es war, hierfür ein menschliches Maß zu finden. Heute, wo das Übermaß an Informationen oder schlicht auch das Unwissen die Vernunft als Richtschnur des eigenen Lebens wie auch der Weltläufte schwächt und das bloße Meinen an die Stelle des Wissens tritt, steht zu befürchten, dass man mit Glaubensformeln den Weg zurück zum Heiligen bahnen will.

Stefano Levi Della Torre, 1942 in Turin geboren, Architekt, Maler und Autor, lebt in Mailand und unterrichtet dort an der Architektur-Fakultät des Politechnikums. Er veröffentlichte Essays und Sachbücher zur jüdischen Diaspora und zum Realismus bei Dante, zum Talmud und zum Laizismus, zur Demokratie und zur Liebe. Mit *Gott* liegt die erste Übersetzung eines seiner Bücher ins Deutsche vor.

Erste Auflage Berlin 2024

MSB Matthes & Seitz Berlin Verlagsgesellschaft mbH
Großbeerenstraße 57 A, 10965 Berlin
info@matthes-seitz-berlin.de

Umschlaggestaltung: Jennifer Kroftova, Berlin
Umschlagmotiv: Cyanotypie von Jennifer Kroftova
Satz und Layout: Monika Grucza-Nápoles, Cartagena
Druck und Bindung: Pustet, Regensburg
ISBN 978-3-7518-6501-2
www.matthes-seitz-berlin.de